Brinquedoteca

um mergulho no brincar

EDITORA

Nylse Helena Silva Cunha

Brinquedoteca

um mergulho no brincar

4ª edição / 3ª reimpressão

São Paulo / 2011

Revisão: Nylse Helena Silva Cunha
Editoração e Fotolito: Spress Bureau de Fotolito
Capa: Niky Venâncio

CIP – BRASIL – CATALOGAÇÃO NA FONTE
SINDICATO NACIONAL DOS EDITORES DE LIVROS, RJ

C979b
4.ed.
Cunha, Nylse Helena Silva
Brinquedoteca : um mergulho no brincar / Nylse Helena Silva Cunha. 4.ed. – São Paulo : Aquariana, 2007.
il.
Relacionado com: Criar para Brincar : a sucata como recurso pedagógico.
Inclui bibliografia
ISBN: 978-85-7217-103-8

1. Brinquedoteca. 2. Brinquedos. 3. Ensino - Meios auxiliares. I. Título.

07-2465. CDD: 027.625
CDU: 027.625

27.06.07 28.06.07 002439

Editora Aquariana Ltda.
Av. Mascote, 1568 - Vila Mascote
04363-001 – São Paulo – SP
Tel.: (11) 5031-1500 / Fax: 5031-3462
vendas@ground.com.br
www.aquariana.com.br

Índice

Introdução

Os processos educacionais, em sua maioria, estão voltados para a conquista de valores sociais. A educação, cada vez mais formal, padroniza o comportamento das crianças para que se adaptem, produzam bem e se integrem às expectativas familiares e sociais, mas pouco ou nada se faz para o desenvolvimento da vida interior e o cultivo da sensibilidade, sem os quais não haverá real fruição dos aspectos belos da vida, nem indignação contra o que impede os seres humanos de viverem tranquila e plenamente.

Felizmente, já se sabe que a criança não é um adulto que ainda não cresceu, e que o importante não é ensinar mas dar condições para que a aprendizagem aconteça. Hoje, existem muitas pessoas preocupadas com os direitos das crianças mas estas continuam sendo desrespeitadas na sua condição de seres humanos em desenvolvimento. As expectativas sobre sua produção continuam impedindo a fruição da própria infância e os adultos, cada vez mais ocupados, não têm tempo para levar a sério as necessidades delas e acabam sendo omissos. A omissão não chega a ser voluntária porque não é consciente, ela é, muitas vezes, consequência apenas da falta de reflexão. Na correria de cada dia não está programado um tempo para isso, como também não está programado o cultivo da vida interior da criança, tempo para ela se encontrar consigo mesma e descobrir o que gosta de fazer.

Uma sociedade tecnologicamente avançada oferece muitas opções atraentes; mas de que serve sair correndo atrás delas se não se souber o que realmente se quer da vida? Esta corrida pode ser o voo da mariposa, cega pela luz mas predisposta a ser queimada por ela.

O sucesso, o bem-estar social e o acúmulo de bens não conseguem evitar a depressão e o estresse. A utilização cada vez maior de drogas aponta para uma grande necessidade de buscar emoções fortes. Há um vazio no interior das pessoas e, para preenchê-lo, muitas arriscam a saúde e até a vida; este vazio é um espaço que poderia ter sido ocupado "o espaço da alma, da criatividade, da capacidade de amar e da sensibilidade para reconhecer o encanto que existe dentro e fora de cada um de nós — o espaço da felicidade que vem de dentro e que não depende de aquisições externas, mas do cultivo do nosso eu interior".

Alimentar a vida interior das crianças é a proposta da BRINQUEDOTECA.

Dar-lhes oportunidades para que, brincando, liberem sua capacidade de criar e de reinventar o mundo, liberem sua afetividade e tenham suas fantasias aceitas e favorecidas, e através do mundo mágico do faz de conta, possam explorar seus próprios limites e partir para a aventura que as levará ao encontro de si mesmas.

Podemos enumerar uma infinidade de objetivos educacionais desenvolvidos na BRINQUEDOTECA, e o faremos neste livro, mas a filosofia que embasa o trabalho nela desenvolvido vai mais longe, voa mais alto e pretende alcançar as profundezas do interior dos seres humanos.

Indubitavelmente, na BRINQUEDOTECA, a criança tem uma rara oportunidade de compensar defasagens socioculturais.

✓ *Será que, como educadores, conseguiremos, ainda que por alguns momentos, ser apenas os produtores do espetáculo e não os dirigentes?*

A intenção das palavras que se seguem não é tanto informar mas sensibilizar.

Buscamos parceiros para uma brincadeira mais séria do que pode parecer.

Para ser brinquedista
não basta ser educador,
é preciso ter alma de poeta.

Brincar é importante... por quê?

— Porque é bom, é gostoso e dá felicidade. Ser feliz é estar mais predisposto a ser bondoso, a amar o próximo e a partilhar fraternalmente.

— Porque é brincando que a criança se desenvolve e exercita suas potencialidades. O desafio contido nas situações lúdicas provoca o pensamento e leva a criança a alcançar níveis de desempenho que só as ações por motivação intrínseca conseguem.

— Porque brincando a criança desenvolve a sociabilidade, faz amigos e aprende a conviver e a respeitar o direito dos outros e as normas estabelecidas pelo grupo.

— Porque brincando a criança prepara-se para o futuro experimentando o mundo ao seu redor dentro dos limites que a sua condição atual permite.

— Porque, brincando, torna-se operativa.

Quando brinca a criança nutre sua vida interior, descobre sua vocação e busca um sentido para a sua vida.

✓ *Mas... nem todas as crianças brincam!*

Todas as crianças precisam brincar, mas nem todas têm essa oportunidade:

— porque precisam trabalhar;
— porque precisam estudar e conseguir notas altas;
— porque são tratadas como adultos em miniatura;
— porque não podem atrapalhar os adultos;
— porque não têm com o que brincar.

Mas afinal, brincar não é tudo isso junto?

Então é preciso brincar,
brincar seriamente, brincar profundamente.

Os brinquedos são parceiros silenciosos que desafiam a criança possibilitando descobertas e estimulando a autoexpressão. É preciso haver tempo para eles, e espaço que assegure sossego suficiente para que a criança brinque e solte a sua imaginação, inventando, sem medo de desgostar alguém ou de ser punida. Onde possa brincar com seriedade.

✓ *Será que as crianças são respeitadas a esse ponto?*
Será que têm boas condições para brincar?
Dificilmente.

As moradias estão cada vez mais apertadas e os adultos cada vez mais ocupados com seus afazeres e desejosos que a criança não atrapalhe e trate de estudar bastante.

Foi por essas razões que surgiram as
BRINQUEDOTECAS.

O que é Brinquedoteca

BRINQUEDOTECA é um espaço criado para favorecer a brincadeira.

É um espaço onde as crianças (e os adultos) brincam livremente, com todo o estímulo à manifestação de suas potencialidades e necessidades lúdicas. Muitos brinquedos, jogos variados e diversos materiais permitem expressão da criatividade, mas...

... a BRINQUEDOTECA
pode existir também sem brinquedos,
desde que outros estímulos
às atividades lúdicas
sejam proporcionados.

Na Europa, milhares de Toy Libraries — Bibliotecas de Brinquedos — funcionam emprestando brinquedos para as crianças levarem para casa.

Na Suécia, as Lekoteks atendem os portadores de deficiências e ensinam suas famílias a brincar com eles de forma estimuladora. Na Itália, França, Suíça e Bélgica as Ludotecas emprestam brinquedos e recebem visitas de crianças.

Em Portugal, as Ludotecas funcionam, não só junto às universidades, mas também espalhadas pelas mais longínquas aldeias.

Pertencem à Associação Internacional de Brinquedotecas: África do Sul, Alemanha, Argentina, Austrália, Áustria, Bélgica, Brasil, Canadá, Chile, China, Colômbia, Coreia, Croácia, Cuba, Dinamarca, Espanha, Estados Unidos, Estônia, França, Gana, Grécia, Holanda, Hungária, Ilhas Seichelas, Índia, Inglaterra, Irlanda, Islândia, Israel, Itália, Jamaica, Japão, Lituânia, Malásia, México, Nigéria, Nova Zelândia, Polônia, Portugal, Romênia, Rússia, San Marino, Suécia, Suíça, Tailândia, Uruguai e Zimbábue.

A preocupação com o direito da criança ao brinquedo parece ter se espalhado pelo mundo todo; nos congressos da ITLA – Internacional Toy Library Association reúnem-se pessoas de todos esses países, para lutarem pelo direito da criança brincar e pela qualidade do brinquedo que lhe é oferecido. Em 1984 fundamos no Brasil a Associação Brasileira de Brinquedotecas.

A BRINQUEDOTECA brasileira diferencia-se das Ludotecas e das Toy Libraries porque estas têm seu trabalho direcionado para o empréstimo de brinquedos, enquanto que, na BRINQUEDOTECA brasileira, o trabalho está focado no brincar propriamente dito.

Para que serve a Brinquedoteca?

Acima de tudo, para fazer as crianças felizes; este é o objetivo mais importante.

✓ *Existe alguma coisa mais essencial do que o sorriso de uma criança?*

Podemos citar inúmeras razões para a criação de BRINQUEDOTECAS, algumas de ordem prática, outras de caráter educacional e até terapêutico.

As BRINQUEDOTECAS servem para desenvolver os seguintes objetivos:

1º) Proporcionar um espaço onde a criança possa brincar tranquila, sem cobranças e onde sinta que não atrapalha ou perde tempo;
2º) Estimular o desenvolvimento de uma vida interior rica e a capacidade de concentrar a atenção;
3º) Estimular a operatividade das crianças;
4º) Favorecer o equilíbrio emocional;
5º) Dar oportunidade à expansão de potencialidades;
6º) Desenvolver a inteligência, a criatividade e a sociabilidade;
7º) Proporcionar acesso a um número maior de brinquedos, de experiências e de descobertas;
8º) Dar oportunidade para que a criança aprenda a jogar e a participar;
9º) Incentivar a valorização do brinquedo como atividade geradora de desenvolvimento intelectual, social e emocional;
10º) Enriquecer o relacionamento entre as crianças e suas famílias;
11º) Valorizar os sentimentos afetivos e cultivar a sensibilidade.

E, obviamente, proporcionar aprendizagem, aquisição de conhecimentos e desenvolvimento de habilidades, de forma natural e agradável.

Na BRINQUEDOTECA a construção do conhecimento é uma deliciosa aventura, onde a busca pelo saber é espontânea e prazerosa.

Ali realmente a criança pode viver plenamente a sua dimensão, que explode em curiosidade e entusiasmo.

O QUE A BRINQUEDOTECA TEM?

Tem magia, encanto, beleza, alegria...

Quando alguém chega a uma BRINQUEDOTECA deve se sentir tocado e atingido pela magia do local; precisa sentir que chegou a um lugar muito especial, pois ali se respeita o ser humano criança e o mistério do seu vir a ser.

✓ *O que será que esta criança precisa para desenvolver o que tem de melhor dentro de si?*

Os brinquedistas, seus parceiros de aventura, estão lá para descobrir suas necessidades e subsidiar as manifestações de suas potencialidades.

A decoração do ambiente precisa transmitir esta mensagem. A atmosfera deve estar impregnada de criatividade e de manifestações de afeto e de apreciação pela infância, a tal ponto que a criança sinta-se esperada e bem-vinda.

Pode haver grande variedade de móbiles, alguns colocados à altura da criança para que ela possa movimentá-los ou fazê-los soar; muitas cores, que trazem alegria ao ambiente; e variedade de formas e de materiais que desafiem a vontade de experimentar — um convite à exploração explícito na decoração e muito para explorar e para descobrir.

Os diferentes espaços da Brinquedoteca

Na BRINQUEDOTECA podemos encontrar grande variedade de ambientes e de cantinhos diferentes, que a criatividade e a dedicação dos brinquedistas fazem surgir:

- Canto do faz de conta

"Espaço com mobílias infantis: dormitório com berço, caminha, guarda-roupas, roupas de boneca, bonecas etc."

"Cozinha com pia de lavar louça, geladeira, fogão, mesas e cadeiras, loucinhas, panelinhas e outros utensílios de cozinha."

"Hospital com consultório médico, que pode servir para estimular hábitos de higiene e saúde (tais como a desinfecção de ferimentos e luvas para fazer curativos, evitando contaminações), uniforme de enfermeira etc."

"Supermercado com carrinho de feira e coisas para comprar."

"Camarim com espelho, fantasias, chapéus, adereços, bijuterias e maquiagem. (Roupas e sapatos velhos podem ser muito valiosos para brincar de mamãe e papai. Um xale velho ou uma gravata podem facilitar a investidura de um personagem qualquer.) Não é necessário haver coerência entre as vestimentas e os papéis desempenhados, o que importa é a criação de um determinado estado de espírito."

- Canto da leitura

Canto acolhedor para ver figuras ou ouvir histórias; deve ser um lugar com tapetes e almofadas para a criança que quer ler um livro deitada no chão, ou, simplesmente aninhar-se em busca de aconchego. Os livros neste espaço são manuseados como brinquedos e sem a seriedade com que seriam usados em uma biblioteca. Esta é uma maneira de fazer com que as crianças tomem contato com os livros de forma bem prazerosa e descontraída. A primeira forma de leitura pode ser através de figuras; é desde cedo que se cultiva este hábito.

- Canto das invenções

  Lugar onde elas deverão inventar coisas, construir com jogos de construção ou com material de sucata.

- Sucatoteca

  Lugar onde são guardados todos aqueles objetos que podem servir para fazer coisas diferentes. Podem ser materiais descartados lavados e classificados, transformados assim em matéria-prima para subsidiar as criações dos inventores.

  As sucatas podem estar agrupadas em caixas de plástico ou papelão, com etiquetas que identifiquem seu conteúdo, arrumadas em estantes. A coleta da sucata deve ser contí-nua. O ideal é ir juntando aos poucos, guardando sempre no mesmo lugar.

- Teatrinho

  Para poderem criar histórias e manusear fantoches.

- Mesa de atividades

  Em torno da qual poderão reunir-se para jogar ou para fazer qualquer trabalho coletivo.

- Estantes com brinquedos

  Para serem manuseados livremente, sugerindo diferentes formas de brincar.

- Oficina

  De construção de brinquedos e de restauração de brinquedos quebrados.

- Acervo

  Local com estantes cheias de jogos e quebra-cabeças guardados, mas à disposição das crianças que poderão retirar um de cada vez.

É conveniente ter também espaços para os adultos, para evitar que atrapalhem as crianças que estão brincando: uma saleta para quem as espera ou um pequeno escritório para quem cuida da parte burocrática do trabalho (registros nas fichas ou outras questões administrativas). Quando os adultos circulam pelos ambientes podem tirar a liberdade das crianças.

As diferentes formas de brincar

EXPLORAR, DESCOBRIR, XERETAR, MANIPULAR...

As primeiras atividades lúdicas do ser humano são ações exploratórias. O bebê começa por explorar a si mesmo, suas possibilidades de movimento, de produção de sons, de comunicação e uso do espaço. Estas atividades exploratórias são fundamentais para subsidiar o processo de construção de conhecimento da criança. Quando ela manipula objetos, experimenta o mundo ao seu redor pelo prazer de descobrir e satisfaz sua curiosidade de conhecer.

✓ *Xeretar é uma forma de adquirir informações, uma maneira divertida de brincar para quem ainda não conhece as convenções sociais.*

As crianças pequenas têm necessidade de manipular objetos; por essa razão, mexem em tudo e jogam coisas no chão. Para contornar os problemas que esta necessidade pode causar, precisamos fornecer-lhes bastantes objetos que possam ser manipulados sem perigo e ensinar-lhes que, assim como foi divertido retirar da caixa ou da gaveta, também pode ser divertido colocar as coisas lá dentro. Ao aprenderem a função dos objetos, passarão a utilizá-los de forma mais adequada.

✓ *Convém não limitar o prazer de descobrir; isto limitará também o processo de criatividade e a construção de um autoconceito positivo.*

Brincar sozinho

Brincar sozinho também é importante porque a criança mergulha na sua fantasia e alimenta sua vida interior; quanto mais profundo for este mergulho, mais ela exercitará a sua capacidade de focar a atenção, inventar e, principalmente, permanecer concentrada numa atividade.

A criança que brinca sozinha aumenta suas possibilidades de lidar com a sua afetividade e de descobrir seus interesses.

Através deste processo poderá até encontrar uma vocação, o que é fundamental para a realização de todo ser humano.

✓ *Quem trabalha fazendo o que gosta, sente prazer como se estivesse brincando.*

A criança que brinca de forma concentrada aprende a se engajar seriamente, gratuitamente, pelo interesse na atividade em si. Este momento deve ser respeitado, porque nele são cultivadas qualidades importantes para a formação de hábitos que irão influir na qualidade do seu futuro desempenho.

Brincar de faz de conta

Neste tipo de brincadeira a criança traduz o mundo dos adultos para a dimensão de suas possibilidades e necessidades.

As crianças precisam vivenciar suas ideias em nível simbólico, para poderem compreender seu significado na vida real.

O pensamento da criança evolui a partir de suas ações, razão pela qual as atividades são tão importantes para o desenvolvimento do pensamento infantil. Mesmo que conheça determinados objetos ou que já tenha vivido determinadas situações, a compreensão das experiências fica mais clara quando as representa em seu faz de conta.

Neste tipo de brincadeira tem também a oportunidade de expressar e elaborar, de forma simbólica, desejos, conflitos e frustrações.

✓ *Quanto maior for a imaginação da criança, maiores serão suas chances de ajustamento ao mundo ao seu redor.*

Às vezes, o faz de conta não imita a realidade mas, ao contrário, é um meio de sair dela, um jeito de assumir um novo estado de espírito, como por exemplo quando a criança veste uma fantasia de palhaço e vai para o fogão fazer comidinha, ou então, veste a fantasia de fada e vai correr e brincar de pegador.

Quando existe representação de uma determinada situação, (especialmente se houver verbalização), a imaginação é desafiada pela busca de soluções para os problemas criados pela vivência dos papéis assumidos. As situações imaginárias estimulam a inteligência e desenvolvem a criatividade.

Esta é uma das formas de brincar fundamental para o desenvolvimento infantil saudável.

✓ *O faz de conta infantil deve ser tratado e subsidiado com seriedade.*

Brincar com outras pessoas

Embora brincar sozinho seja muito importante, brincar com outras pessoas é necessário para evitar que a criança fique sem o estímulo e a crítica que um parceiro pode proporcionar.

Mesmo que ela ainda não saiba brincar com outra criança, pode brincar paralelamente. Às vezes, dizer "eu também quero brincar" não significa que quer brincar junto, mas ao lado; de qualquer maneira é o começo da vontade de participar de alguém que ainda não aprendeu a partilhar.

Os jogos sociais, que requerem interação com outras pessoas, começam durante os primeiros meses, quando os próprios pais começam a brincar com o nenê numa interação afetiva, e irão abranger, mais tarde, a competição nos diversos tipos de jogos.

**Ao brincar com outras pessoas,
a criança aprende a viver socialmente,
respeita regras, cumpre normas,
espera a sua vez e interage
de uma forma mais organizada.**

Brincar com outras pessoas inclui imitar gestos, aceitar desafios ou partilhar de jogos ou brincadeiras.

Brincar em grupo

Saber participar de um grupo é um aprendizado muito enriquecedor e indispensável a uma boa integração social. Dentro do grupo aprendemos a partilhar, e, se não encontrarmos uma forma eficiente de trabalhar junto, seremos todos prejudicados porque o resultado final ficará comprometido.

Na competição em grupo, a vitória depende de todos; o mais forte sempre dependerá do mais fraco para conseguir a vitória, portanto, terá que ajudá-lo a conseguir um nível mais satisfatório. Por sua vez, o mais fraco terá o prazer de vencer através da vitória do seu grupo.

A interação grupal é muito enriquecedora e ajuda as crianças a se conhecerem melhor e a fazer novas amizades.

✓ *Mas atenção, é preciso variar os elementos dentro do grupo constantemente; se não tivermos este cuidado, os grupos poderão virar times ou gangues.*

Variando os elementos dentro dos grupos, dá-se oportunidade para que as crianças conheçam melhor outras crianças e façam novas amizades.

Brincar correndo, saltando, pulando...

— Vamos ver quem chega primeiro?

A atividade física gera entusiasmo, por essa razão é tão importante. Quando corre, a criança fica alegre; e quando vence obstáculos, desafia os próprios limites e usa a energia para desenvolver a sua coordenação motora, adquirir mais confiança em si própria e aprimorar o seu equilíbrio.

As atividades corporais devem fazer parte da programação da BRINQUEDOTECA para completar a variedade de oportunidades de estímulo oferecida às crianças. Frequentemente, vemos crianças correndo em espaços públicos, aeroportos, supermercados ou em qualquer outro grande espaço. Elas não resistem a uma boa oportunidade para correr.

✓ *Crianças precisam de espaço.*

Se a BRINQUEDOTECA oferecer também esta oportunidade; isto evita que manifestem a ansiedade que muitas vezes as leva a destruir várias coisas.

BRINCAR EXPERIMENTANDO E DESENVOLVENDO HABILIDADES

Encaixar, empilhar, construir, montar quebra-cabeças são atividades que proporcionam exercício e desenvolvem habilidades, mas isso tudo só será "brincar" se for realizado com prazer; caso contrário, serão apenas tarefas realizadas com brinquedos.

Os jogos que requerem concentração da atenção e mobilização de habilidades são muito úteis pois, através deles, as crianças se exercitam e aprendem com alegria.

✓ *Um aspecto importante destes brinquedos é que levam a criança a perceber a necessidade de planejar suas ações.*

Estes jogos tornam as crianças mais aptas a desempenhar tarefas que talvez não conseguissem realizar se não estivessem em situação lúdica, livre de cobranças e de obrigatoriedade. Brincando, a criança alcança níveis de desempenho bem mais altos e não sente cansaço.

Brincar inventando

Todos podem inventar e criar se forem estimulados a fazê-lo.

✓ *A necessidade de alcançar êxito e o medo de errar ou de ser ridículo são os maiores inibidores do processo criativo.*

É preciso haver motivação para criar — pode ser um desafio, um problema a ser superado ou uma vontade de expressar uma emoção — mas, para que o ato criativo aconteça, tem que haver confiança na própria capacidade de criar ou pelo menos a certeza de que, mesmo que o resultado não seja bom, haverá boa aceitação do trabalho realizado.

Brincar aprendendo

A curiosidade é natural em toda a criança, portanto aprender coisas novas também deveria ser. O processo de construção do conhecimento não deve ser transformado em tarefas desinteressantes que cansem e aborreçam.

✓ *Aprender pode ser uma deliciosa aventura.*

A pressa em transformar a criança em adulto fez com que o aprender passasse a ser obrigatório e sistemático.

A pré-escola foi transformada em escola e as crianças de três anos de idade já fazem exercícios preparatórios para a alfabetização. A necessidade de brincar foi substituída pela necessidade de aprender o quanto antes a escrever, a ler, a falar outros idiomas, a dançar ou praticar judô.

As escolas chegam a vangloriar-se da aceleração de seus currículos!!!

✓ *Desrespeitar a infância torna as crianças estressadas e pode levá-las a apresentar problemas emocionais e rebeldia ao estudo.*

Para onde vai o interesse natural por descobrir, por conhecer coisas novas?

A criança não é um adulto em miniatura, nem deve crescer só atendendo às solicitações dos adultos pois assim não desenvolverá autonomia nem senso de respon-sabilidade.

✓ *Se a criança for respeitada em seus interesses e subsidiada em suas buscas, com certeza manterá vivo o prazer de aprender e fará da construção do seu conhecimento uma deliciosa aventura no caminho da sabedoria.*

O brinquedo proporciona o aprender-fazendo. Através de jogos e brincadeiras, a criança pode aprender novos conceitos, adquirir informações e superar dificuldades de aprendizagem.

Brincar jogando e competindo

Uma das principais características do jogo é a necessidade de parceiro. Ainda que em postura de adversário, a parceria é um estabelecimento de relação porque, mesmo em posição competitiva, os parceiros não deixam de ser cúmplices dentro do objetivo de realizar o jogo.

Esta relação expõe as potencialidades dos participantes, afeta suas emoções, põe à prova suas aptidões e testa seus limites. A competitividade de uma situação de jogo pode ocasionar sentimentos de oposição causados pela frustração do perdedor ou, até mesmo, pelo estresse de quem teve que lutar muito para conseguir vencer.

Se o número de parceiros for superior a dois, isto é, se o jogo envolver, por exemplo, cinco ou seis jogadores, o sentimento de parceria terá maior chance de se estabelecer. Todo o jogo com apenas um vencedor pode sinalizar uma condição de superioridade e, certamente, ressalta diferenças individuais.

Mas certamente existe um aspecto positivo na competição que é a motivação. Embora muitas vezes o prazer de realizar a atividade proposta pelo jogo seja suficiente para provocar a participação, o desafio existente na possibilidade de vencer constitui sempre uma forte motivação.

✓ *A melhor solução para neutralizar os aspectos negativos e aproveitar o estímulo advindo da competição é optar por jogos grupais, nos quais o vencedor é o grupo.*

Sem ressaltar individualismos, propiciar preferências e rivalidades, é importante valorizar o próprio jogo e o prazer que a atividade de jogar proporciona. Prevalecem, desta maneira, os aspectos lúdicos e não a necessidade de sobrepujar o adversário.

A participação em grupo, quando existe um objetivo comum a todos, é a melhor maneira de fazer com que as crianças se entendam e encontrem uma forma de interagir.

Muito interessantes são os chamados Jogos de Cooperação. Neles, o desafio estabelecido é dirigido a todos os participantes, como um só grupo: a proposta é que todos os participantes vençam o jogo; para isso deverão agir juntos. Neste caso, a vitória ou a derrota pertencerá também a todos.

✓ *Os jogos e os brinquedos expressam valores e proporcionam oportunidades para assimilação de ideias e formação de princípios.*

As situações vivenciadas no jogo envolvem ações que desnudam o caráter e a personalidade dos jogadores. Se quisermos conhecer melhor uma pessoa podemos jogar com ela...

Por outro lado, aproveitar as situações que acontecem no decorrer de um jogo também é uma forma eficiente de trabalhar todos estes diferentes aspectos, mas para isso é necessário que a liderança não sufoque as manifestações espontâneas.

Jogar, competir e participar de atividades comuns são excelentes oportunidades para que a criança (e o adulto) viva experiências que a ajudarão a amadurecer emocionalmente e a aprender uma forma de convivência mais enriquecedora.

Brincar / Trabalhar

Brincando, a criança pode aprender a gostar de trabalhar porque, na atividade, descobre o prazer de estar ocupada, operando e engajando-se por livre e espontânea vontade.

Esta é uma situação de aprendizagem bem delicada: para não perder a riqueza que o momento proporciona, o educador precisa respeitar e nutrir o interesse da criança dando-lhe oportunidade para evoluir em seu processo, o que pode levá-la a encontrar, talvez, um centro de interesse que poderá se transformar num interesse profissional, fonte futura de realização pessoal.

O verdadeiro educador não violenta a criança com suas próprias expectativas em relação a ela, pois se preocupa em não destruir o interesse que ela tem pela atividade.

A criança que participa de muitos jogos e brincadeiras aprende a trabalhar em grupo; por ter aprendido a aceitar as regras do jogo saberá, também, respeitar as normas sociais.

✓ *Quando brinca ou joga a criança tem oportunidade de desenvolver capacidades indispensáveis à sua futura atuação profissional como atenção, o hábito de permanecer concentrado e outras habilidades psicomotoras.*

Portanto, o hábito de se ocupar criativamente, se for bem cultivado, além de trazer satisfação pessoal, com a maturidade pode transformar-se em predisposição para o trabalho e facilitar a manifestação de uma vocação ou a escolha de uma profissão.

✓ *Mas para que isto aconteça, é indispensável que o interesse da criança tenha sido respeitado e, se possível, subsidiado pelos adultos que com ela interagem.*

Brincando a criança torna-se operativa. Brincar e trabalhar podem ser atividades sinônimas, se o prazer na atividade for preservado.

Os brinquedos

Objetos, sons, movimentos, espaços, cores, figuras, pessoas, tudo pode virar brinquedo através de um processo de interação em que estes recursos funcionam como alimentos que nutrem a atividade lúdica, enriquecendo-a. Na BRINQUEDOTECA, todos os recursos são válidos para estimular a brincadeira.

Fantasias, tecidos, chapéus, sapatos, fitas, tintas, pregos e martelos, quanto maior for a variedade de materiais para subsidiar a criatividade e a vontade de inventar, melhor.

O valor de um brinquedo para uma criança pode ser medido pela intensidade do desafio que ele representa para ela.

✓ *Bom brinquedo é aquele que convida a criança a brincar.*

Segundo Rudolf Lanz, "o bom brinquedo é aquele que conduz a criança a uma entrega calma a si mesma".

Os brinquedos devem ser resistentes o suficiente para não desapontar a criança, quebrando logo que ela começa a brincar. Se forem muito frágeis poderão abalar a sua segurança e constranger a vontade de experimentá-los. Crianças muito tímidas têm medo de fazer estragos.

Os brinquedos também são agentes de socialização; através deles, a criança interioriza valores e crenças.

✓ *Sendo instrumentos de intervenção social, contêm ordens veladas e padrões de comportamento.*

(Teixeira, Madalena e Barroco Carlos)

Quando a criança escolhe um brinquedo obedece a apelos nem sempre conscientes, que podem ter sido gerados por situações afetivas ou por sedução exercida por meios publicitários. O brinquedo industrial apresenta as vantagens que o desenvolvimento tecnológico proporciona, como a qualidade do design, a beleza do colorido e a utilização de materiais plásticos que, além de laváveis, permitem a reprodução de detalhes atraentes; alguns brinquedos chegam a ser tão lindos e interessantes que nem mesmo os adultos resistem a eles.

Se estes brinquedos não fossem impostos para seduzir pela mídia, salvaguardariam a qualidade do papel que desempenham na vida das crianças mas, por serem produtos que precisam resgatar o investimento feito, recebem o mesmo tratamento que qualquer outro produto de consumo e são apresentados aos possíveis consumidores através de estratégias que provoquem a "necessidade" de consumi-los.

✓ *O marketing desenvolvido em torno dos brinquedos industrializados é uma covardia feita contra a ingenuidade da criança.*

Não deixa de ser um ato de violência contra ela na medida em que, através de um processo de sedução, é provocada a necessidade de concretizar a fantasia induzida através da compra do brinquedo. Não é justo criar neces-sidades que não podem ser satisfeitas. Às vezes o brinquedo apresentado de forma tão irresistível custa mais do que as possibilidades que seus pais têm de adquiri-lo.

As crianças assistem televisão horas seguidas vendo filmes feios e violentos mas, em compensação, assistem comerciais lindíssimos e enganadores, criados com o auxílio de especialistas, cuja formação profissional, voltada para o apoio psicológico e terapêutico, é levianamente utilizada ao aplicar estes conhecimentos sobre o comportamento infantil com o objetivo de alcançar mais profundamente a sensibilidade da criança. Esta manipulação das suas fragilidades é um ato que não pode ser aceito por educadores ou por alguém que se interesse pela conservação da saúde mental e emocional das crianças.

Envolvida pelo conteúdo mágico e sedutor dos comerciais de televisão, a criança passa a desejar ardentemente o produto anunciado, que, para ela, passa a ser um elemento indispensável à sua felicidade. É grande a distância entre o sentimento de dependência que a necessidade de consumir produz e a alegria de sentir-se capaz de criar.

O brinquedo artesanal comove pela sua singeleza. Na sua construção fica impregnada a dedicação das pessoas que o fizeram.

✓ *A simplicidade do brinquedo artesanal pode servir de estímulo para que a criança tente reproduzi-lo.*

Construir um brinquedo é certamente uma enriquecedora forma de brincar. Quem não gosta de poder dizer:
— Fui eu que fiz!

Na BRINQUEDOTECA, o brinquedo recupera o seu verdadeiro valor pois lá, ele vale o que a criança quiser.

✓ *O importante não é ter um grande número de brinquedos, mas sim um grande número de experiências lúdicas.*

Brinquedos para as diferentes etapas de desenvolvimento

Os brinquedos são convites ao brincar desde que provoquem vontade de interagir — um ursinho nos convida a abraçá-lo, uma bola nos convida a jogá-la e um quebra-cabeças nos convida a montá-lo.

Para que os brinquedos realmente representem desafios para a criança, devem estar adequados ao interesse, às necessidades e às capacidades da etapa de desenvolvimento em que ela se encontra.

A BRINQUEDOTECA
precisa ter um acervo
de brinquedos adequados
ao interesse de seu usuário.

A orientação para a escolha de brinquedos não pode ser baseada simplesmente no critério de indicação por faixa etária. Isto seria um grande erro, especialmente em um país como o Brasil, com tantas etnias misturadas e tantas dife-renças sócio-culturais.

✓ *Cada criança tem seu ritmo próprio de desenvolvimento e características pessoais* que a diferenciam das demais.

Embora os estágios do desenvolvimento por que toda criança passa sejam semelhantes, a época e a forma como eles se processam podem variar bastante.

Segundo *Piaget* estas são algumas das características básicas das etapas do desenvolvimento:

I – Período Sensório (0 a 2 anos)

Neste período existe o maior número de aquisições por parte da criança e, se observarmos as pistas que ela nos dá, poderemos ter uma interação muito gratificante com ela.

- Primeiro mês: o bebê só apresenta comportamentos reflexos.

- Segundo mês: começam a aparecer as chamadas reações circulares: a criança prova involuntariamente um fato e, estimulada pelo que aconteceu, tenta repeti-lo, começando suas primeiras ações coordenadas. Esta é uma fase propícia para estimulação visual e sonora, na qual são importantes:

— móbiles coloridos;
— móbiles que se movimentam;
— móbiles sonoros;
— móbiles improvisados, como por exemplo: um pano colorido, um objeto ou brinquedinho pendurado em lugar bem visível.

O importante é enriquecer seu campo visual e auditivo, variando as oportunidades para que ela fixe o olhar e perceba estímulos diferentes.

✓ *Mudar a posição do berço também é uma* boa ideia.

• Quatro meses: iniciam-se as ações intencionais, desenvolve-se a coordenação opticomanual e a preensão palmar; a criança já estende os bracinhos e tenta pegar os objetos. Nesta fase, a criança adquire informações através dos sentidos e leva tudo à boca.

• Seis meses: a criança começa a perceber que os objetos existem, apesar de não estarem ao alcance da vista, e passa então a procurá-los; quando, por exemplo, escondemos alguma coisa embaixo de uma fralda, ela a levanta para encontrar o que foi escondido. Esta aquisição é indispensável a qualquer aprendizagem.

Para atender às necessidades das crianças durante este período, sugerimos os seguintes brinquedos:

— móbiles colocados ao alcance da mão da criança;
— chocalhos pequenos;
— brinquedos para morder;
— bichinhos de vinil;
— bola-bebê de diferentes texturas;
— martelos de borracha...

• Oito a doze meses: acontece um grande desenvolvimento motor. Amplia-se o campo de ação da criança, pois ela agora senta e se locomove mais facilmente. Já realiza o movimento de pinça e é capaz de passar os objetos de uma mão para a outra. Adora manipular objetos, pôr, tirar, atirar, empilhar, enfim, experimentar. Imita gestos e sons e é capaz de antecipar o resultado de algumas ações, fato que a deixa muito contente. Para satisfazer sua necessidade de exploração, precisamos oferecer muitos materiais para ela manipular:

— brinquedos de puxar e de empurrar;
— livros de pano;

— argolas de plástico para encaixar;
— cubos de pano, bichos de pelúcia;
— João Bobo;
— caixa com vários objetos para pôr e tirar;
— caixa de música;
— vasilhas para encaixar umas nas outras;
— bonecas de pano;
— cavalinho de pau...

✓ *De maneira geral, brinquedos que estimulem a criança a interagir e possam ser manipulados sem oferecer perigo.*

• Doze a dezoito meses: a criança começa a observar o efeito de sua conduta no ambiente à sua volta. Aprende a andar, explora o espaço e exercita-se correndo de um lado para o outro. Aprende a usar as duas mãos juntas. Age por tentativas sucessivas até acertar o que deseja. Pede as coisas apontando para os objetos. Seu vocabulário aumenta e a mesma palavra pode significar várias coisas que, para ela, são semelhantes.

Nesta fase são interessantes:

— Os chamados brinquedos pedagógicos, aqueles que oferecem oportunidade de manipulação realizando alguma proposta, como encaixar argolas;
— bate-bola, aqueles em que a criança coloca uma bola num orifício e bate para que ela penetre e role saindo por outro lugar;
— brinquedos nos quais se apertam botões para fazer saltar peças ou abrir portinhas.

• Dezoito a vinte e quatro meses: a criança começa a internalizar as ações realizadas e passa a lembrar-se de pessoas e coisas. Sua memória já está ativa, desenvolve a capacidade de imitar e inicia, assim, o processo de representação mental, que irá subsidiar o surgimento da brincadeira simbólica, o jogo do faz de conta, que se estabelecerá na próxima fase.

A motricidade aperfeiçoa-se e a criança já é capaz de correr e subir nos obstáculos. Começa a querer ser independente e fazer tudo sozinha, mesmo que ainda não consiga. Precisa de brinquedos que satisfaçam sua necessidade de movimentação:

— brinquedos de empurrar;
— carrinhos ou outros brinquedos de puxar;
— blocos de construção;
— bate-estacas;
— brinquedos de desmontar (grandes);
— degraus e pequenos escorregadores;
— túneis para passar por dentro;
— carro ou bicicleta sem pedal, que a criança movimente com os pés no chão.

II – Período das Operações Concretas (2 a 12 anos)

• Período pré-operacional: 2 a 7 anos

Por volta dos dois anos a criança já é capaz de planejar suas ações e de usar um objeto para representar outro: uma tampinha vira copo, uma caixa de sapatos vira berço e assim por diante. Mas o seu pensamento ainda tem algumas limitações que precisam ser conhecidas e entendidas pelas pessoas que interagem com ela, caso contrário poderão ser feitas cobranças inadequadas ou outras formas de desres-peito à sua condição.

O pensamento da criança que está no estágio pré-operacional apresenta características bem marcantes: relaciona tudo o que acontece ao seu redor com seus sentimentos e ações. É incapaz de perceber o ponto de vista dos outros. Considera só um aspecto das situações e tira conclusões baseadas em um único aspecto perceptivo. Não consegue reverter o raciocínio, liga fatos que não têm relação entre si e pode atribuir tudo à sua vontade ou às suas ações, até mesmo os eventos da natureza. Considera que objetos, plantas ou nuvens também podem ter sentimentos.

• Período pré-conceitual: 2 a 4 anos

É chamado de pré-conceitual porque a criança ainda não é capaz de elaborar conceitos corretos pois não sabe generalizar para formar classes.

A linguagem verbal se desenvolve bastante, quer saber o nome de tudo e define as coisas pela sua função. Interessa-se por livros e gosta de reconhecer figuras.

Partindo da imitação de seu cotidiano, brinca de faz-de-conta e pode usufruir os seguintes brinquedos:

— livros de pano com figuras;
— telefone;
— panelinhas e todo tipo de utensílios de cozinha;
— mobiliazinhas e objetos domésticos;
— bonecas;
— máscaras, chapéus, fantasias e capas;
— fantoches;
— bichinhos de plástico e de pelúcia;
— massa para modelar;
— quebra-cabeças simples;
— tambor, pandeiro e corneta;
— carros, caminhões, trenzinhos e aviões;
— pianinho ou xilofone;

— cabanas e casinhas;
— balde e pazinha;
— triciclo;
— material para fazer bolhas de sabão...

- Período Intuitivo: 4 a 7 anos

A criança começa a argumentar, embora suas razões ainda não sejam lógicas. Elas são baseadas em seus desejos ou temores. Quer saber o porquê de tudo e faz muitas perguntas.

Está mais hábil e gosta de montar e desmontar, assim como de desenhar. Já é capaz de classificar e dar nome às classes considerando mais de um atributo, faz ordenações por tamanho e estabelece sequências. O desenvolvimento do conceito de quantidade ainda está ligado à via perceptiva mas logo estabelece a correspondência um a um. Adquire noção de dinheiro com base em suas necessidades.

Gosta que lhe contem histórias e é capaz de inferir o final de uma história e de prever situações. Seus conceitos especiais ainda têm seu próprio corpo como referência. Os conceitos temporais podem ainda não ser bem compreendidos, mas já sabe que umas coisas acontecem antes, outras depois. Gosta de fazer construções com blocos.

O grupo de amigos passa a ser importante; estabelece e cobra regras, a linguagem se amplia, assim como o interesse pela leitura e pela escrita. Gosta de competições e de jogar com os amiguinhos.

Brinquedos sugeridos:

— blocos de construção;
— material para pintura e desenho;
— jogos: dominó, loto, damas...
— jogos de circuito;

— carrinho de boneca;
— livros de história...

• Período das Operações Concretas: 7 a 12 anos

O pensamento da criança ultrapassa o nível sensorial. Já forma classes e séries mentalmente, relaciona fatos e tira conclusões. Surge o interesse por coleções e pode colecionar desde tampinhas ou figurinhas até selos ou papéis de carta.

✓ *Se o interesse pelas coleções for subsidiado, poderá evoluir e se transformar em interesse* por pesquisa.

Considera os fatos antes de dar uma resposta, faz seriações através das comparações e estabelece hierarquias. Faz inclusões de classes e entende que uma ação realizada pode ser revertida ou anulada.

Nos conceitos espaciais já considera a relação dos objetos entre si e localiza um ponto através de coordenadas. A noção de tempo é mais objetiva, usa relógio e calendário e situa passado, presente e futuro. Tem maior senso de responsabilidade e pode compreender as consequências dos seus atos.

Gosta de assumir pequenas tarefas e escolhe companheiros por afinidade. É sensível a críticas e gosta de receber elogios.

Embora o faz de conta possa acontecer, já é totalmente separado da realidade, pois a criança agora quer ser realista e descobrir a verdade dos fatos.

Os esportes também passam a atrair e, partindo do prazer de jogar determinado jogo, ela pode desenvolver preferência por um esporte específico.

✓ A BRINQUEDOTECA *deve ter jogos e material esportivo* que possam ser utilizados ao ar livre.

Para brincar nesta fase, sugerimos:

— bolas e raquetes;
— boliche;
— futebol e botão;
— peteca;
— jogos de montar (que sejam desafiantes), de construção, de circuito, de perguntas e respostas, de damas, de xadrez;
— mini laboratórios;
— quebra-cabeças mais difíceis;
— ferramentas para construção de brinquedos...

III – Período das Operações Formais (12 anos em diante)

Os pré-adolescentes também precisam de seu espaço e os(as) brinquedistas poderão criar um ambiente agradável para eles proporcionando um ponto de encontro e alguns jogos divertidos.

✓ Os chamados *jogos de adulto*, ou jogos sociais, *podem proporcionar, além de informações, muita* diversão e tratar de temas atuais.

No Canadá e na Austrália, a BRINQUEDOTECA passou a ser um *Centro de Recursos para a Família.* Como as mães, tias e avós acompanham as crianças, aproveita-se a oportunidade do encontro para estabelecer um relacionamento proveitoso e passar orientações sobre questões relativas a saúde, educação e melhor utilização dos recursos que a comunidade oferece. Em Portugal, algumas Ludotecas são frequentadas por idosos que ajudam a consertar os brinquedos; as avós fazem bonecas de pano e roupinhas, os avôs constroem pipas, trens, caminhões e outros brin-quedos tradicionais.

Em todos os congressos internacionais têm sido valorizadas as BRINQUEDOTECAS como um espaço que pode propiciar convivência alegre e nutritiva para a integração das diversas gerações.

Seleção de brinquedos para as Brinquedotecas

O primeiro critério para a escolha dos brinquedos que deverão compor o acervo da BRINQUEDOTECA é o de atender ao interesse da clientela à qual se destina. Mas, embora este seja o primeiro passo para conquistar a criançada, é preciso também oferecer-lhes oportunidades para que conheçam jogos diferentes e experimentem novas formas de brincar.

Num primeiro momento, a procura pode ser pelos brinquedos anunciados na televisão e que a criança ainda não tem: os brinquedos da moda, aqueles para os quais a atenção foi despertada pela sedução dos comerciais de televisão; mas, depois de dar uma olhada ao redor, certamente ela se interessará pelos jogos ou brinquedos expostos na BRINQUEDOTECA.

Nem todos os brinquedos são apropriados para fazer parte de uma BRINQUEDOTECA; os muito frágeis, muito pequenos ou pouco duráveis não são indicados. Brinquedos de guerra ou qualquer outra forma de violência também não devem fazer parte do acervo da BRINQUEDOTECA.

A maneira como as pessoas se divertem reflete sua cultura; enriquecer o brincar também melhora a qualidade de vida.

✓ Precisamos diversificar os jogos e as brincadeiras para aumentar as oportunidades de desenvolvimento e de aquisição de conhecimentos que os brinquedos podem oferecer.

Os chamados brinquedões são bem interessantes, não só porque várias crianças podem brincar juntas mas também porque não são encontrados em outro lugar. Estes brinquedos podem ser elaborados pela própria equipe da BRINQUEDOTECA. Pode-se aumentar o tamanho de jogos já conhecidos ou criar jogos novos.

Um aspecto muito importante a considerar na escolha dos brinquedos é o que se refere à segurança. É preciso verificar se o brinquedo é bem-acabado e se não oferece perigo como pontas ou arestas que possam provocar ferimentos. Se vai ser manuseado por crianças pequenas é preciso ainda verificar se a tinta que colore o brinquedo não é tóxica e se ele não contém peças pequenas ou partes que possam se soltar e ser engolidas.

✓ **Cuidado** *com os sacos plásticos!!!*

As crianças adoram enfiá-los na cabeça e podem sufocar-se com eles. Se não puderem ser evitados, é importante fazer alguns furos neles para possibilitar a entrada de ar.

Brinquedo e violência

A violência é uma presença significativa na vida das crianças de hoje; é uma realidade na vida da criança de rua e é tema dos filmes assistidos por aquelas que assistem televisão ou têm vídeo game. Em ambas as situações as crianças aprendem a lidar com a violência com indiferença.

É óbvio que toda a agressividade que chega à criança provoca alguma reação, ensina formas de interação, manifestação de emoções e solução de conflitos. Os brinquedos de guerra fazem parte desse contexto pois viabilizam o faz de conta da violência, sugerindo uma maneira de se encontrar solução rápida para situações indesejáveis.

Quando a criança brinca de matar certamente não sabe o que isto significa, apenas imita o que viu. Para realizar suas fantasias pode usar qualquer objeto como arma. Quando os brinquedos são imitações muito bem-feitas podem se tornar perigosos pois não só estimulam brincadeiras violentas como fazem com que a criança se acostume a lidar com naturalidade com armas.

✓ *Muitos acidentes mortais acontecem por que crianças confundem armas de brinquedo com armas verdadeiras.*

O respeito pela vida humana deve ser cultivado também nas situações lúdicas e é muito importante preservar a possibilidade de impactos ou sentimentos estranhos diante de armas ou objetos que podem acabar com a vida humana.

Em vários países da Europa já é proibida a fabricação de brinquedos de guerra. Seria muito bom que também alcançássemos este nível de preocupação com a educação de nossas crianças.

Jogos eletrônicos e o videogame

Todas as pessoas deviam poder se beneficiar dos avanços da ciência e da tecnologia, pois eles são patrimônio da humanidade. O computador e o videogame são aquisições de nossa época que as crianças apreciam bastante.

✓ *As vantagens que a utilização do computador acarreta não justificam sua introdução precoce na pré-escola, roubando um tempo que é muito precioso na infância.*

O computador é um recurso extremamente útil que pode ser usado para facilitar e enriquecer o processo de aprendizagem. Ao possibilitar que o usuário trabalhe no seu próprio ritmo, sem pressão pelos erros cometidos, permite um processo mais tranquilo e independente, além de estimular a criatividade na busca de soluções alter-nativas.

O tempo dedicado ao computador talvez seja a única oportunidade na vida de algumas pessoas para estimular a sua sensibilidade, apurar a sua percepção e desenvolver a sua criatividade, mas a interação com um computador é uma atividade muito racional e solitária. Quem trabalha muitas horas com ele acostuma-se a receber respostas extremamente objetivas e rápidas, o que faz com que, às vezes, seja mais intolerante com a indecisão e a falta de objetividade de seus parceiros.

Tudo tem hora certa para acontecer, deve-se esperar que a personalidade da criança esteja um pouco mais cultivada para que ela possa dosar o tempo para cada atividade e não ser seduzida ou comandada por elas.

Algumas BRINQUEDOTECAS americanas, especializadas no atendimento a crianças deficientes, desenvolvem um trabalho chamado compuplay, no qual, através de programas especiais, as crianças aprendem brincando em computadores que possuem adaptações para que elas possam utilizá-los mais facilmente.

No Brasil, computadores em BRINQUEDOTECAS talvez fossem uma oportunidade para que as crianças carentes, que não têm contato com este tipo de recurso, tivessem oportunidade de conhecê-los. Mas existe sempre o perigo de que este tipo de atividade absorva mais tempo do que o desejável, em detrimento de outro tipo de brinca-deiras ou jogos mais adequados ao estímulo da inteligência, da criatividade e da sociabilidade das crianças.

Como foi transformado em videogame através da uti-lização de disquetes como jogos, o computador passa a apresentar algumas vantagens e muitas desvantagens.

✓ *Jogando videogame as crianças são submetidas a um processo altamente estressante.*

A ação apresentada na tela do vídeo é muito rápida, contínua e intensa; solicita a atenção da criança quase que de forma hipnótica. Por ser contínua, faz com que a criança se sinta constantemente desafiada a interagir. Mesmo nervosa e estressada, ela continua. É muito interessante observar a fisionomia das crianças quando participam de um videogame: ficam absolutamente concentradas e, se o jogo for interrompido por falta de fichas ou por que alguém força a interrupção, elas ficam deses-peradas. É comum as crianças chorarem, gritarem ou baterem na máquina porque perderam. O estresse provocado por este tipo de interação pode ser constatado por todos aqueles que se dispuserem a observar crianças nesta situação.

✓ *Acostumando-se a este nível de intensidade de estímulo, a criança pode perder o interesse por atividades mais calmas, cujo desafio não seja tão evidente.*

Além disso, o tipo de interação solicitada pelo videogame, pela rapidez que exige na manipulação dos botões ou mouses, acaba estimulando um tipo de ação compulsiva, visto não haver tempo para refletir sobre qual o melhor caminho a ser tomado.

Quanto aos temas abordados pelas histórias, mais uma vez são pura violência e levam a criança a se acostumar à ideia de matar, explodir e destruir. Certamente existem exceções, pois um videogame pode ser uma interessante forma de adquirir certas habilidades.

A BRINQUEDOTECA pode oferecer muitas outras alternativas de diversão. Certamente, se tiver um videogame vai ficar cheia de crianças e pré-adolescentes ansiosos para jogar, mas eles poderão encontrar esse tipo de distração em outros lugares.

O tipo de convivência e interação que procuramos cultivar nos espaços da BRINQUEDOTECA são bem mais raros de se encontrar.

A BRINQUEDOTECA deve proporcionar às crianças uma atmosfera de amizade e companheirismo.

Registro e classificação dos brinquedos

Muitos brinquedos chegam à BRINQUEDOTECA, os comprados, os doados e os que são trazidos pelas crianças (às vezes como pagamento de sua inscrição, caso faça parte do regulamento). Cada um deles deverá ter o seu lugar, para que as crianças os encontrem facilmente quando quiserem.

Existem muitas maneiras de registrar e classificar os brinquedos — umas mais simples, outras mais detalhadas e sofisticadas; o sistema escolhido deve ser compatível com os objetivos da BRINQUEDOTECA, pois a organização tem a finalidade de facilitar e não de complicar as coisas.

Se a BRINQUEDOTECA vai funcionar apenas como um espaço para as crianças brincarem bastará uma forma de registro de brinquedos simplificada, que contenha apenas as informações necessárias para controlar o estoque e possibilitar a verificação das peças que compõem os jogos.

Neste tipo de cadastramento cada brinquedo recebe um número que é escrito numa etiqueta colada nele, possibilitando sua identificação.

O registro pode ser feito num Livro de Registro de Brinquedos, que poderá também ser chamado de Livro de Tombo, como acontece nas bibliotecas. Para haver espaço suficiente para anotar as informações necessárias convém utilizar um caderno grande, tipo dos livros de atas.

Apresentamos a seguir um exemplo deste tipo de registro:

Nº	NOME	FABRICANTE	COMPONENTES	DATA	OBS
01	Jogo de Memória	Planeta	Caixa de papelão com 36 cartelas	3/04	
02	Caminhão	Pica-pau de madeira	Peças grandes	9/04	Quebrado Retirado em 3/02

Se a BRINQUEDOTECA for grande ou tiver objetivos educacionais mais específicos, como ajudar as crianças a superar dificuldades de aprendizagem, ou se funcionar como um Setor de Recursos Pedagógicos para suprir o empréstimo de brinquedos para as classes de uma escola, por exemplo, será conveniente adotar um sistema de catalogação mais completo, que permita a localização de brinquedos para atender solicitações específicas por assunto, tema, habilidade a desenvolver ou conteúdo a ser traba-lhado. Para esses tipos de atendimento poderá ser adotado o Sistema de Classificação de Jogos, Brinquedos e Materiais Pedagógicos N.C., descrito no capítulo: "O Setor de Recursos Pedagógicos".

EMBALAGEM

PREPARAÇÃO DOS BRINQUEDOS PARA CIRCULAÇÃO

Antes de os brinquedos serem colocados à disposição das crianças, algumas providências devem ser tomadas para assegurar a qualidade da sua utilização na BRINQUE-DOTECA.

1º) Analisar o brinquedo

Ele pode despertar o interesse da criança? O fato de ganhar um brinquedo não significa que seja interessante tê-lo na BRINQUEDOTECA; brinquedos que nunca são utilizados apenas ocupam espaço e dão trabalho na hora da limpeza. Mas sempre existe a hipótese de a criança descobrir um encanto ou uma forma de manipulação que não foi imaginada antes.

2º) Verificar o grau de periculosidade

Examine o brinquedo para verificar se não oferece perigo e se não existem pontas ou arestas que possam machucar as crianças.

3º) Registrar

Feito o registro do brinquedo, identifique-o colocando uma etiqueta com o número de entrada. No Livro de Registro, na coluna "Componentes", anote o tipo de material de que é feito, o número de peças que contém e o tipo de embalagem que possui. Se possível, anote no lado interno da tampa da caixa, o número de peças que o jogo contém; isto possibilita a conferência do número de peças do jogo.

4º) Avaliar a funcionalidade do brinquedo

Olhe o brinquedo pensando na sua utilização, para verificar se podemos tornar seu manuseio mais eficiente; se for um jogo, as regras são claras? Estão colocadas de forma e em lugar funcional? (algumas vezes as regras estão escritas no fundo da caixa, o que obriga o jogador a despejar a caixa para poder lê-las).

E os compartimentos para guardar as peças, são firmes ou desmontam facilmente? Podemos reforçá-los colando ou prendendo-os para que não se desfaçam. E os pinos, marca-dores ou outras pequenas peças, como estão acondicionados? Se estão apenas em um saquinho plástico é conveniente arrumar uma caixinha para que não rolem, caiam no chão ou sejam perdidos durante o jogo.

Algumas vezes, a inadequação do acondicionamento do jogo faz com que ele acabe por ser rejeitado; melhorando este aspecto, podemos tornar o jogo bem mais funcional. Uma cópia dos folhetos contendo as regras dos jogos deve ser arquivada para que se possa recorrer a ela quando necessário. A mesma coisa deve ser feita com os modelos que alguns jogos de construção trazem.

5º) Avaliar a embalagem

A embalagem é durável e funcional ou é daquelas que fazem com que se perca metade do brinquedo logo que o saco plástico se romper?

Por muitas razões os brinquedos têm embalagens frágeis e inadequadas; o custo é apenas uma delas, mas certamente a embalagem é uma parte muito importante do brinquedo, não somente para sua conservação mas também para sua funcionalidade.

A embalagem pode desvalorizar totalmente um brinquedo, ou torná-lo mais atraente para a criança.

✓ *Uma boa embalagem proporciona e estimula o hábito de guardar o jogo após sua utilização, além* de assegurar sua conservação.

Por estas razões, as pessoas que trabalham em BRINQUEDOTECAS acabam por se tornar especialistas na elaboração de embalagens.

A beleza da embalagem também é fundamental na BRINQUEDOTECA. Tudo deve ser bonito, colorido, atraente e agradável ao tato.

É preciso passar bons padrões estéticos para as crianças e acostumá-las a ter e manter as coisas decentes e limpas. A beleza tem um poder regenerador, e um exemplo de capricho nas coisas que fazemos certamente estimula um bom hábito.

Quando o brinquedo vem com uma embalagem bonita e funcional precisamos conservá-la, pois é pela caixa que a criança identifica certos jogos. Podemos reforçar os cantos, mas é importante que isto seja feito de forma a não desvalorizar a caixa. Não é conveniente utilizar durex porque ele resseca e se soltará logo e muito menos fita crepe, que ficará muito feia e com aparência de um remendo grosseiro. Uma tira de papel *contact* transparente dando a volta na beirada da tampa da caixa é um recurso que a reforça sem alterar a aparência da embalagem original. Se a caixa for bonita mas frágil, melhor ainda é revesti-la inteiramente com plástico transparente. Algumas BRINQUEDOTECAS fazem isto logo que a caixa chega e antes que se deteriore.

Em alguns casos, quando a embalagem não é funcional, é melhor substituí-la por uma caixa plástica adequada, transparente, que além de facilitar o hábito de guardar assegura maior higiene e durabilidade ao jogo.

Podemos ainda ressaltar outros aspectos importantes a serem considerados nas embalagens:

• Motivação e Coerência

A embalagem deve motivar a criança a brincar, ter um atrativo para chamar a atenção e sensibilizar para sua exploração. Ela pode ser um convite à manipulação do brinquedo, mas, para que não haja frustração posterior, deve haver coerência entre a caixa e seu conteúdo: uma caixa grande não pode ter um brinquedo pequeno dentro ou provocará desapontamento assim que for aberta; o conteúdo deve corresponder à expectativa criada pela embalagem.

• Funcionalidade

Uma caixa que proporciona bom acondicionamento do material nela contido oferece segurança a quem vai manuseá-la. Algumas embalagens provocam a sensação de desastre eminente a quem as utiliza. Por serem feitas de material muito frágil ou por serem mal construídas dão a impressão de que vão desmontar assim que mexermos nelas e acabam provocando um mal-estar logo no começo da atividade. Quando o interior da caixa é bem dividido e tem repartições que sugerem como as peças podem ser guardadas, motiva a criança a guardar porque se sente capaz de fazê-lo. O ato de guardar passa a ser também agradável e a atividade da criança se torna mais organizada pois tem um começo, um meio e um fim. Quando a criança colocar a tampa na caixa provavelmente sentirá uma gostosa sensação de dever cumprido.

• Durabilidade

Indubitavelmente, a embalagem de um jogo é fator determinante da sua conservação: se a embalagem for ade-quada e durável, o jogo vai durar mais. As crianças gostam de voltar a brincar com um jogo que esteve esquecido, ou guardado, por algum tempo e é muito bom encontrá-lo quase novo ou, pelo menos, em boas condições. Certos jogos proporcionam diferentes níveis de utilização, portanto poderão ser utilizados em diferentes etapas da vida da criança.

As caixas de madeira ajudam a conservar os jogos, mas desde que seu interior possibilite a acomodação das peças de forma organizada, simples e prática. Algumas vezes, blocos de construção do tipo "O pequeno engenheiro", são acondicionados de tal forma que, para tornar a guardá-los, a criança tem que realizar um difícil quebra-cabeças, o que certamente a desestimula a guardar corretamente o material, a não ser que ela esteja com vontade de aceitar o desafio.

Apresentamos a seguir algumas sugestões para a confecção de embalagens.

a) Caixas de sapatos podem ser aproveitadas reduzindo a sua altura, aproveitando a tampa ou até transformando-as em outros formatos. Depois, é só cobrir com papel contact, tecido ou papel de boa qualidade.

b) Embalagens plásticas de refrigerantes, cujo o gargalo é cortado e, como tampa, coloca-se a parte de baixo de uma outra garrafa. Estas embalagens são ideais para guardar pecinhas pequenas de jogos de armar, pinos ou outros brinquedinhos pequenos de plástico.

c) Garrafões grandes de plástico são ainda mais fáceis de aproveitar. Basta cortá-los com uma faca quente e colocar um acabamento na beirada para evitar que a criança se machuque ao lidar com ela. Pode ser um viés de pano.

d) Outra opção é fazer a caixa com papel cartão. Mede-se o jogo que se quer guardar, desenha-se, recorta-se e dobra-se. Para fazer a tampa deve-se acrescentar meio centímetro às medidas. A altura da tampa deve ter, no mínimo, dois centímetros, caso contrário rebentará logo. A parte de baixo por sua vez precisa ter, no mínimo, quatro centímetros de altura. Os cantos podem ser inicialmente presos com um pedacinho de papel contact. Depois, dar o acabamento passando uma tira do papel utilizado à volta, tanto da caixa como da tampa.

A conservação dos brinquedos

Atualmente existe uma tendência muito forte para o consumismo e o hábito de descartar e jogar tudo fora é uma consequência natural desta tendência.

O apego exagerado a objetos (como a pessoas) pode ser prejudicial, pois afinal os brinquedos existem para que se brinque com eles e não para ficarem bem arrumadinhos nas prateleiras, mas o hábito de tratar as coisas (e as pessoas) com respeito faz parte da educação do homem civilizado.

Na BRINQUEDOTECA podem e devem ser cultivados hábitos saudáveis, como não desperdiçar, não estragar, zelar pelos objetos...

Uma boa embalagem já é uma garantia da conservação do brinquedo, mas o cultivo do hábito de guardar é indispensável. Nem sempre ele é estabelecido corretamente, e às vezes é imposto quase como um castigo: "—Você brincou, agora tem que guardar!"

A melhor maneira é valorizar o próprio brinquedo, ressaltando como todas as peças são importantes para podermos brincar com ele outras vezes. Assim demonstraremos interesse e apreciação pelo material.

Todavia, é natural que, com o uso e com o tempo, alguma coisa vá se estragando. A manutenção é indispensável e, para isso, deve haver um horário, um dia determinado para se fazer a restauração dos brinquedos quebrados e a substituição de peças ou embalagens. As crianças poderão ajudar, e até criar brinquedos novos partindo do aproveitamento de peças que sobraram. Ao reinventar brinquedos e jogos, também desenvolvem o hábito de conservar e de criar.

O pó é certamente um problema; não há quem consiga manter todos os brinquedos limpinhos e livres de poeira. Para contornar este problema podemos colocar nas estantes cortinas de plástico transparente. Brincar de tirar o pó com as crianças, dando-lhes um espanador e um pano de pó, também é uma alternativa.

As crianças adoram lavar os brinquedos, mas para possibilitar este tipo de brincadeira é necessário que a BRINQUEDOTECA tenha um tanque adequado, na altura certa, um espaço para escorrer as peças lavadas, uma peneira grande e aventais de plástico para proteger as crianças.

✓ *Quando muitos brinquedos estão quebrados e faltam peças nos jogos, as crianças se desinteressam e podem perder a motivação.*

Poeira nos brinquedos ou peças sujas, além dos perigos consequentes da falta de higiene, trazem ao ambiente um clima desagradável.

A BRINQUEDOTECA
Deve ter uma atmosfera saudável.

Se houver grande circulação de brinquedos, é aconselhável instalar uma câmara de esterilização que pode ser confeccionada com lâmpadas de luz ultravioleta e instalada dentro de um armário grande ou num quartinho pequeno. As prateleiras podem ser de tela de arame onde os brinquedos ficam expostos à luz ultravioleta (colocada em cima e embaixo das prateleiras) durante 15 minutos. Esta câmara deve ser fechada para evitar que a pessoa fique exposta aos raios ultravioletas e o interruptor colocado do lado de fora.

✓ *A conservação dos brinquedos e a manutenção da higiene e da boa aparência dos espaços são aspectos fundamentais para que uma BRINQUEDOTECA consiga desenvolver um* bom trabalho.

Disposição dos brinquedos

Cada um dos espaços da BRINQUEDOTECA tem os brinquedos adequados ao tipo de atividade para eles sugeridos, como está descrito no capítulo "Os diferentes espaços na BRINQUEDOTECA", mas a arrumação deve levar em conta a idade das crianças que a frequentam.

É importante que os brinquedos sejam dispostos de forma que as crianças pequenas, na fase do brinquedo exploratório, os possam encontrar e manusear facilmente. Os bebês precisam ver os brinquedos para serem estimulados a interagir com eles.

Os jogos de armar devem ser acondicionados de modo que as crianças possam vê-los, pegá-los e guardá-los facilmente, caso contrário desistirão de usá-los pela dificuldade de tornar a colocá-los no lugar.

Os blocos de construção, geralmente mais pesados, devem ficar nas prateleiras mais baixas, acondicionados em cestas ou caixas que se transportem facilmente.

Cuidado com os quebra-cabeças. Este tipo de jogo, tão comum e tão procurado pelas crianças, facilmente ficará incompleto se algumas medidas preventivas não forem tomadas. É bom acondicioná-los em envelopes feitos de pano ou TNT, com um lado de plástico transparente. Assim, se as peças saírem do lugar não cairão ao chão. Podem ser guardados em prateleiras, para que as crianças usem e guardem, um de cada vez.

Os jogos com regras, os jogos sociais e alguns outros que requerem mais atenção ou maior número de jogadores podem ser guardados em locais supervisionados, para evitar que sejam retirados inutilmente e largados fora de lugar. Não devem ser levados para espaços abertos; é preferível usá-los em lugares onde não se percam as peças.

Na BRINQUEDOTECA todos os brinquedos estão à disposição das crianças, porém alguns devem ser utilizados com mais controle, ou seja, a criança vai pegá-los no acervo, brinca e devolve antes de pegar outro.

✓ *Convém dar um destaque para os brinquedos novos e reservar um lugar especial para eles.*

Uma estante ou prateleira com algum atrativo, para que as crianças se acostumem a procurar as novidades. De vez em quando podemos retirar alguns jogos de circulação e escondê-los por um período para fazê-los aparecer tempos depois, nesse lugar especial. É bom reencontrar velhos amigos!

O funcionamento da Brinquedoteca

A BRINQUEDOTECA é sempre resultado do sonho e da emoção de algumas pessoas que têm muito amor para dar. Assim sendo, ela já é um testemunho de boa vontade e pode ser um núcleo gerador de relações humanas descontraídas e agradáveis, razão pela qual é tão importante a seleção e a preparação das pessoas que lá querem trabalhar.

Quem chega a uma BRINQUEDOTECA tem que ser recebido com alegria e afeto e deve ter a oportunidade de explorar os espaços livremente para poder decidir por onde começar.

Geralmente o primeiro contato da criança com a BRINQUEDOTECA é de espanto, e para satisfazer sua curiosidade natural ela precisa explorá-la livremente. Nas visitas seguintes já saberá dirigir-se aos espaços de acordo com sua vontade.

Os diferentes tipos de BRINQUEDOTECA sugerem diferentes formas de funcionamento: em algumas, a criança só vai para brincar, em outras para escolher brinquedos para levar para casa, mas é sempre aconselhável que a criança se torne sócia da BRINQUEDOTECA.

✓ *O fato de associar-se, além de possibilitar melhor controle sobre o empréstimo de brinquedos, cria um vínculo maior com a BRINQUEDOTECA.*

Os sócios sentem-se com mais direitos e colaboram com mais entusiasmo na manutenção de todo o contexto.

Para ficar sócia a criança traz um brinquedo como "joia" e as pessoas responsáveis por ela preenchem uma ficha com informações, que poderá ter o seguinte modelo:

(frente)

BRINQUEDOTECA

FOTO 3X4

FICHA
SÓCIO Nº: 245
NOME: Maria Alves
DATA DO NASCIMENTO: 19/11/1984
ENDEREÇO: Rua Ceci Barbosa, 585 TEL: (11) 5656-5656
BAIRRO: Encantado CEP.: 010600-002
CIDADE: Paraíso ESTADO: SãoPaulo
RESPONSÁVEL: Isabel Alves / Anderson Alves

CONTRIBUIÇÕES

DATA	NOME DO BRINQUEDO	FABRICANTE

(verso)

EMPRÉSTIMO			
DATA SAÍDA	NOME DO BRINQUEDO	FABRICANTE	DATA

A existência ou não de pagamento de mensalidade de sócio vai depender do tipo de BRINQUEDOTECA: se ela fizer parte de uma instituição não haverá taxa, como também no caso de o trabalho ser subsidiado, mas se não houver ajuda financeira certamente terá que haver algum pagamento para cobrir as despesas de manutenção e os gastos com a compra de novos brinquedos.

Algumas BRINQUEDOTECAS cobram por hora de permanência, outras por visita ou por filiação. Não é aconselhável cobrar pelo empréstimo de brinquedos, pois desta forma o sentido maior do trabalho da BRINQUEDOTECA se tornaria semelhante a uma simples locadora.

Pegar brinquedos emprestados é um direito do sócio dentro do conjunto de outros que abrangem a valorização das atividades lúdicas como um todo. O empréstimo não pode ser confundido com um aluguel.

As atividades desenvolvidas na BRINQUEDOTECA podem ser as mais variadas; a criança pode brincar sozinha, participar de jogos com outros companheiros ou com os brinquedistas; o importante é que sejam criadas muitas opções para que os frequentadores tenham sempre novidades.

Na BRINQUEDOTECA
nenhuma criança deve ser obrigada
a participar de qualquer brincadeira;
se quiser pode ficar parada,
é um direito que ela tem.

O brinquedista pode tentar motivá-la, mas sem imposição.

A ESCOLHA DE BRINQUEDOS PELAS CRIANÇAS

Um menino de oito anos entrou na BRINQUEDOTECA, arregalou os olhos de espanto e, estimulado a pegar o que quisesse, abraçou uma tábua de passar roupa que tinha um ferrinho de passar e um paninho em cima, e passou o paninho muitas e muitas vezes.

As razões que levam uma criança a escolher um brinquedo em um determinado momento podem ser muitas. No emaranhado de suas emoções, das experiências que viveu, das seduções e das restrições a que foi submetido, surgiu um desejo, manifestado através de um impulso aparentemente sem explicação. Foi a tábua de passar roupa que satisfez a vontade de brincar daquele menino e nenhuma outra proposta conseguiu atender melhor a sua necessidade naquele momento.

Na BRINQUEDOTECA
a escolha do brinquedo deve
sempre partir da criança.

Os adultos podem fazer uma pré-seleção, colocando à disposição da criança uma variedade de brinquedos de maior interesse para a etapa de desenvolvimento em que ela se encontra e preparar, assim, um ambiente mais estimulante para ela, mas a escolha final tem que ser da criança e deve ser respeitada, por mais estranha que possa parecer. Se a escolha não foi boa, da próxima vez a criança irá procurar algo mais adequado.

✓ *Talvez o aspecto mais importante de todo aprendizado seja o fato de os enganos cometidos não serem considerados erros, mas sim etapas do processo de descoberta.*

A exigência de um determinado resultado é que transforma a atividade em tarefa. Se a criança puder experimentar livremente, sem a preocupação de errar, estará sendo assegurado o principal aspecto da situação.

A cobrança dos adultos pode facilmente transformar em tarefa a aventura prazerosa que é descobrir novas formas de conseguir melhores resultados, como aconteceu nas escolas que transformaram a aventura de descobrir e conhecer numa enfadonha tarefa com prêmios e castigos.

É importante lembrar que não existem brinquedos de meninas ou brinquedos de meninos, nem jogos indicados para determinada faixa etária.

Na BRINQUEDOTECA todos,
inclusive os adultos,
podem brincar com o que lhes aprouver,
pois este é um verdadeiro espaço
para o resgate do direito de brincar.

Algumas vezes é necessário que o brinquedista assuma o papel de facilitador das relações familiares, porque os pais podem ter tendência a querer os brinquedos mais caros ou mais educativos.

A oportunidade de escolher é um ato educativo porque proporciona experiência e exercício de autonomia.

✓ *Esta é mais uma das tantas oportunidades que o convívio na BRINQUEDOTECA proporciona para o crescimento individual e para a aquisição de hábitos de responsabilidade.*

O EMPRÉSTIMO DE BRINQUEDOS

O sistema de empréstimo de brinquedos surgiu da neces-sidade de se proporcionar maior número de brinquedos e maior variedade de estímulo às crianças.

Os brinquedos despertam maior interesse quando são novidade. Para estimular o pensamento e as habilidades das crianças, mesmo sem intenção, tendemos a acostumá-las ao consumismo porque nós mesmos gostamos de adquirir brinquedos novos.

O empréstimo de brinquedos possibilita o acesso a uma novidade semanal, excelente opção que a BRINQUEDOTECA oferece.

São inúmeras as vantagens do sistema de empréstimo de brinquedos:

1º) Oportunidade de conhecer e utilizar brinquedos diferentes.

2º) Levar o brinquedo para poder brincar com amigos ou irmãos.

3º) Enriquecer o ambiente familiar porque introduz um elemento que possibilitará melhor integração (um relacionamento prazeroso através do lúdico).

4º) Usufruir, por mais tempo, a estimulação que o brinquedo proporciona.

5º) Desenvolver o senso de responsabilidade e o hábito de zelar também pelo que não é seu, pois a criança terá que devolver o brinquedo.

6º) Aprender a usufruir sem ter que possuir os objetos.

7º) Recuperar o valor do brinquedo pelo que ele realmente representa para a criança, desvinculado do seu valor monetário, pois, na BRINQUEDOTECA, todos os brinquedos são grátis.

Quando o brinquedo é devolvido deve ser examinado pela pessoa que o recebe e, se houver alguma peça quebrada ou em falta, a criança é solicitada a colaborar na sua recuperação. Dificilmente um brinquedo não é devolvido porque, quando a criança leva um já está de olho em outro, e assim tem interesse em devolvê-lo para poder retirar um novo brinquedo.

✓ *O hábito de participar de um sistema de empréstimo de brinquedos, além de trazer todas as vantagens citadas acima, é também uma maneira de fazer com que a criança se acostume a participar de um serviço comunitário, o que certamente contribuirá para sua melhor integração social.*

Se houver apenas empréstimo de brinquedos, como acontece em muitos lugares na Europa, isso não caracteriza uma BRINQUEDOTECA. Pode ser uma Ludoteca ou uma

Biblioteca de Empréstimo de Brinquedos mas não uma BRINQUEDOTECA.

O que caracteriza a BRINQUEDOTECA é o espaço para brincar e a oportunidade de desenvolver atividades lúdicas.

De modo geral, ela abrange um contexto maior que propicia o lúdico, e o sistema de empréstimo de brinquedos pode ou não existir.

Uma equipe para a Brinquedoteca

Quem vai trabalhar na Brinquedoteca?

— Quem quiser brincar...
— Quem gostar de crianças...
— Quem tiver amor para dar.

Embora exista o lado técnico, em primeiro lugar é preciso pensar no lado humano das pessoas que vão constituir a equipe.

Para ocorrer o fenômeno BRINQUEDOTECA, a equipe profissional dever ser formada por pessoas alegres, afetivas e com vontade de trabalhar

O funcionamento de uma BRINQUEDOTECA requer tarefas e responsabilidades bem diferentes. Para poder decidir sobre quais as pessoas necessárias ao bom andamento do trabalho, é preciso fazer um levantamento das tarefas a realizar:

— coordenação geral;
— elaboração de orçamento;
— provisão de recursos financeiros;
— seleção e contratação de pessoal;
— preparação da equipe;
— supervisão da equipe;
— compra de brinquedos;
— registro de brinquedos;
— análise dos jogos e brinquedos;
— classificação dos brinquedos;
— preparação dos brinquedos para circulação;
— elaboração de fichas de sócios;
— organização e manutenção de arquivo, de regras e instruções sobre jogos;
— arquivo de catálogos de fábricas e lojas de brinquedos;
— controle dos sócios (pagamento de mensalidades, devolução de brinquedos e controle de frequência;
— correspondência;
— agendamento de visitas, reuniões, entrevistas com pais...
— relações públicas;
— disposição dos brinquedos nos diferentes espaços;
— supervisão, manutenção e restauração de brinquedos;
— limpeza da BRIQUEDOTECA;
— elaboração, manutenção e atualização de cartazes e murais;
— atendimento ao telefone e ao público;
— manutenção do *site* e resposta aos *emails*;
— atendimento às crianças;
— atendimento aos pais;
— atendimento a visitas profissionais;

— atendimentos a casos especiais;
— coordenação de reuniões periódicas para avaliação do andamento das atividades;
— programação de festas e outras atividades planejadas;
— reciclagem de equipe.

Para desempenhar estas funções básicas ao bom andamento do trabalho da BRINQUEDOTECA, podemos ter uma equipe com as seguintes atribuições:

COORDENADOR

Encarregado do planejamento geral, da elaboração de orçamentos, provisão de recursos financeiros, seleção e contratação de pessoal, supervisão de equipe, compra de brinquedos, disposição dos brinquedos nos espaços, relações públicas, supervisão de manutenção dos brinquedos, atendimento a visitas de profissionais, coordenação de reuniões de avaliação, reciclagem de equipe e planejamento de eventos.

BRINQUEDOTECÁRIO OU LUDOTECÁRIO

Responsável pelo registro e classificação de brinquedos, preparação destes para circulação, controle de empréstimo, restauração, arquivo de regras e instruções sobre jogos, catálogos e endereços de fábricas e lojas de brinquedos.

SECRETÁRIO

Responsável pelo atendimento ao telefone, correspondência, controle de agenda, preparação de cartazes e manutenção dos murais.

BRINQUEDISTAS

Responsáveis pelo atendimento às crianças, avaliação de jogos, arrumação de brinquedos e supervisão das brincadeiras.

ANIMADOR

Responsável pelo planejamento e realização de atividades eventuais diferentes, como festas, teatro, gincanas, feira de troca de brinquedos etc.

ENCARREGADO DE LIMPEZA

Responsável pela limpeza do local e lavagem dos brinquedos.

Outros profissionais poderão ser necessários se o atendimento da BRINQUEDOTECA tiver características especiais (veja: "Os diferentes tipos de BRINQUEDOTECA").

VOLUNTÁRIOS

Muitas BRINQUEDOTECAS são criadas pelo esforço e entusiasmo de uma pessoa especial, que acredita na importância do brincar, mas não dispõe de recursos financeiros para contratar uma equipe de profissionais.

É possível fazer um bom trabalho com voluntários desde que haja muita organização e a pessoa possua entusiasmo, dedicação e liderança, para conseguir manter o nível de atendimento.

Quando a BRINQUEDOTECA contrata apenas um pro-fissional para assumir todo o trabalho, é necessário que a pessoa se organize distribuindo seu tempo pelas diversas funções.

Neste caso, talvez ela tenha que suspender o atendimento às crianças em alguns dias ou horários para poder se dedicar aos aspectos administrativos e à manutenção dos espaços e dos brinquedos.

Os brinquedistas

"Esta profissão, à qual não se chega através de um diploma, mas por convicção, requer um sólido otimismo."

Lazarine Bergeret

Certamente, não se constrói uma BRINQUEDOTECA sem otimismo. É preciso tê-lo em relação ao projeto, e comunicá-lo aos outros.

O sentimento de esperança faz parte do contexto e a capacidade de amar a humanidade é indispensável. Mas estas não podem ser apenas afirmações românticas, pois, como disse Jeal Vial, esta profissão não suporta amadorismo.

✓ *O nível de participação exigido de um brinquedista requer qualidades pessoais específicas.*

As qualidades essenciais para um brinquedista incluem:

Sensibilidade

É preciso ser sensível o bastante para respeitar a criança e perceber todas as nuances de seus pensamentos e sentimentos, para agir sem ferir suscetibilidades, limitar seu desempenho ou dirigir processos que devem ser espontâneos.

Entusiasmo

A alegria é fundamental para favorecer o lúdico. Por outro lado, sem entusiasmo não é possível contaminar o ambiente de forma estimuladora, necessária para novas tentativas e para propagação da criatividade.

Determinação

É preciso não desistir, apesar das dificuldades, e imprimir um ritmo determinado ao trabalho, caso contrário ele não se desenvolverá a contento. Mesmo que, por vezes, pareça desnecessário cumprir o combinado, abrir em um certo dia ou organizar certas atividades, é preciso manter o ritmo estabelecido. Algumas coisas parecem não ser importantes se forem consideradas isoladamente, porém, com visão do conjunto, constataremos que até um pequeno elo partido pode quebrar a corrente. É preciso determinação para trabalhar mesmo quando parece não valer a pena: um dia veremos que valeu.

Competência

As boas intenções não asseguram bons resultados. Se não estudarmos, não refletirmos profundamente sobre o que estudamos, o que observamos e o que fazemos, poderemos errar muito. Uma tarefa bem-feita precisa de preparação. É indispensável conhecer como a criança pensa, desenvolve-se e, quais as suas necessidades nas diferentes etapas do seu desenvolvimento. O brinquedista é um educador e, como tal, precisa de formação acadêmica.

O conhecimento sobre o desenvolvimento infantil é tão importante que a equipe da BRINQUEDOTECA deve manter reuniões de estudo e discussão de casos.

Faz parte também da capacitação do brinquedista o conhecimento sobre brinquedos e jogos. Para essa finalidade são muito importantes as sessões de análise de brinquedos e experimentação dos jogos e de suas regras.

✓ *O brinquedista tem que ser uma pessoa especial.*

De maneira geral, deve ser uma pessoa capaz de rir facilmente, mesmo nos dias mais cansativos; possuir boa capacidade de se comunicar e paciência para lidar com a inquietude das crianças e com as exigências de certos pais. Alguém que tenha disponibilidade afetiva para brincar muitas vezes; que não se apavore com a desordem e encare bem ter que arrumar tudo várias vezes. Acima de tudo, que goste muito de brincar.

✓ *Será que existem pessoas com todas essas qualidades?*

Existem sim: são aquelas que se solidarizam com as crianças e que, por amor a elas, querem proporcionar-lhes horas felizes na BRINQUEDOTECA.

A PARTICIPAÇÃO DOS ADULTOS NA BRINCADEIRA

Brincar com uma criança é uma forma de demonstrar amor por ela, mas... somente quando tivermos certeza de que isto é o que ela deseja. Algumas vezes os adultos interferem sem necessidade, só para dar a sua opinião ou para tentar dirigir a brincadeira, não respeitando, assim, o tempo da criança nem seu jeito de brincar.

✓ *Não se deve interromper a concentração de uma criança que está brincando.*

O momento em que ela está totalmente absorvida pelo seu brinquedo é muito especial, um momento mágico e precioso, onde ela exercita uma capacidade da maior importância e da qual dependerá sua eficiência profissional quando for adulta, a capacidade de observar e de manter a atenção concentrada.

Entretanto, a participação do adulto pode enriquecer e dar prestígio à brincadeira; sua criatividade pode estimular o processo criativo da criança e sua paciência e serenidade poderão estimular a capacidade de observação e concentração.

✓ *Brincar junto reforça os laços afetivos.*
Geralmente, as crianças gostam que um adulto brinque com elas, pois a presença dele dá mais importância ao jogo.

Somente com humildade e sensibilidade se pode perceber se é hora ou não de intervir, entretanto, se não houve um convite por parte da criança, a interferência do adulto deve se limitar a uma sugestão, um estímulo, um esclarecimento ou uma participação de igual para igual, para não haver restrição à iniciativa das crianças.

Um aspecto muito positivo da participação do adulto no jogo pode ser a introdução do hábito de guardar os brin-quedos quando a brincadeira terminar. Os pais, a professora ou o brinquedista podem fazer com que o ato de guardar seja uma parte natural da atividade realizada alegremente. Quando as crianças ajudam, mesmo que seja só um pou-quinho, com o tempo vão adquirindo o hábito de deixar as coisas arrumadas.

Para os casos em que uma pequena ajuda é necessária para motivar as crianças ou para enriquecer a brincadeira, damos algumas sugestões:

- Apresente o brinquedo à criança demonstrando interesse.
- Explique as regras do jogo.
- Introduza propostas novas.
- Aumente as oportunidades em todos os sentidos.
- Estimule a resolução de problemas.
- Reduza a dificuldade quando a criança estiver para desistir.
- Aumente as dificuldades se o jogo for fácil demais.
- Encoraje as manifestações espontâneas.
- Escolha brinquedos adequados ao interesse e ao nível de desenvolvimento da criança.
- Prepare o ambiente mas não conduza a atividade; deixe que a criança tome a iniciativa.
- Dê tempo para que acriança possa explorar o material.
- Deixe que ela tente sozinha mas esteja disponível se ela pedir ajuda.
- Simplifique a atividade se verificar que está sendo muito difícil para ela e gradualmente vá aumentando a dificuldade para manter o desafio.
- Encoraje e elogie mas sem infantilizar a criança.
- Alterne sua participação com a da criança se isso a motiva.
- Não deixe a atividade esgotar-se até saturar a criança. Pare na hora certa para que ela tenha motivação para brincar um outro dia.
- Transforme o ato de guardar o jogo em uma atividade alegre e rotineira.

✓ *E... não diga que a criança errou; ela apenas ainda não aprendeu. Faça com que ela sinta que é capaz de aprender e dê-lhe o tempo que ela precisar para isso.*

O CULTIVO DA EQUIPE

Para que uma equipe funcione de maneira eficiente é necessário que seja construída com muito carinho e sabedoria.

✓ *Uma equipe não é apenas um conjunto de pessoas; ela deve ser a união de pessoas trabalhando pelo mesmo objetivo.*

Uma equipe pode ser uma pequena família, onde cada um sabe o seu papel mas sabe também que pode precisar ajudar ou substituir alguém na interação com uma criança quando for necessário.

A afinação do grupo é um fator muito importante, por essa razão é indispensável haver momentos de descontração, de rir junto etc. Todos devem interagir e vibrar na mesma sintonia, por isso o cultivo do grupo é indispensável.

No momento da seleção das pessoas que vão compor a equipe da BRINQUEDOTECA, é essencial que se tenha em mente o fator integração.

Às vezes é melhor que fique faltando alguém na equipe do que contratar uma pessoa que possa poluir a atmosfera da BRINQUEDOTECA com atitudes autoritárias ou muito competitivas. Algumas pessoas exercem uma liderança desanimadora: são aquelas que não vibram com nada e acham sempre que... não vale a pena. As posturas muito racionais também esfriam o ambiente e acabam inibindo a espontaneidade e os processos criativos.

✓ A alegria tem que estar presente na interação da equipe.

É importante que as pessoas sintam que existe afeto no relacionamento entre elas. O clima da BRINQUEDOTECA é determinado por quem está encarregado de criá-lo, portanto, se não houver alegria e boa disposição, todo o contexto poderá perder o encanto.

Um recurso extremamente válido para garantir a qualidade da interação da equipe é a realização de psicodramas nos quais todos os membros da equipe representam suas dificuldades e fazem seus desabafos. Isto permite que as frustrações sejam trabalhadas e os mal-entendidos resolvidos.

De qualquer maneira, mesmo que tudo esteja indo muito bem, um *feedback* periódico é indispensável. Mantendo o hábito de fazer reuniões para avaliação de tudo o que está acontecendo, é possível reforçar o que está dando certo e redirecionar o que precisa melhorar. Também podem ser discutidos problemas relativos às crianças; a opinião de várias pessoas sobre o mesmo assunto é uma contribuição importante para clarear os fatos. Este tipo de reunião, além de assegurar a qualidade do trabalho, provoca um cres-cimento individual. Muitas ideias boas surgem nestes momentos de troca de experiências e as pessoas ficam mais próximas porque têm a oportunidade de se conhecer melhor.

Outras atividades importantes para o crescimento da equipe são as reuniões de estudo. A análise e discussão de textos sobre assuntos relativos a características do desenvol-vimento infantil, ao brincar ou aos brinquedos poderão manter vivo o interesse dos brinquedistas em aperfeiçoar o nível de seu desempenho.

✓ *A reciclagem da equipe é fundamental para evitar que o trabalho caia na rotina e perca o encanto.*

É lógico que as crianças nunca deixarão que as coisas fiquem calmas demais, mas até numa BRINQUEDOTECA é necessário cuidar para que a renovação realmente aconteça.

Participar da equipe de uma BRINQUEDOTECA tem que ser uma espécie de aventura, algo pleno de entusiasmo e transbordante de novidades.

Para que isso aconteça, temos que zelar pela atmosfera da BRINQUEDOTECA cultivando condições que favoreçam a criatividade.

Atividades planejadas da Brinquedote

A proposta básica da BRINQUEDOTECA é dar total liberdade à criança para escolher seus brinquedos e suas brincadeiras mas, para dar mais vida ao trabalho, algumas atividades diferentes ou eventos, podem ser programados:

— teatro infantil;
— feira de troca de brinquedos;
— curso de confecção de pipas;
— curso de confecção de bonecas;
— oficina de criação de brinquedos;
— oficina de conserto de brinquedos;
— festas de aniversário;
— campeonatos: de dama, de xadrez, de dominó...
— montagem de quebra cabeças;
— gincanas de todos os tipos etc.

As próprias crianças podem sugerir os eventos.

✓ *O importante é manter o entusiasmo e o clima de criatividade, trazendo novidades e mobilizando a vontade de participar.*

Todos devem ser envolvidos por estes eventos, não só os brinquedistas e animadores que se encarregam de organizá-los, como as famílias e as próprias crianças.

As visitas

As BRINQUEDOTECAS recebem muitos pedidos de visitas: pais que querem conhecer antes de trazer seus filhos, estudantes universitários para saber sobre a possibilidade de trabalhar como brinquedistas, educadores para conhecer como montar BRINQUEDOTECAS em seus locais de trabalho, ou professores que querem trazer seus alunos.

✓ *Visitas de profissionais devem ser atendidas por profissionais preparados para dar informações precisas.*

Algumas BRINQUEDOTECAS cobram para receber visitas porque precisam ter profissionais à disposição. É bom ter alguns cuidados porque algumas pessoas mexem em tudo, abrem livros e arquivos, deixam coisas fora do lugar e ainda podem acabar tirando conclusões erradas.

As visitas de escolas que trazem crianças devem ser marcadas com antecedência para que a equipe possa se preparar para recebê-las adequando o espaço ao nível de desenvolvimento das crianças.

Na primeira visita à BRINQUEDOTECA as crianças querem ver tudo, explorar todos os cantinhos. Depois, já se direcionam ao que mais gostaram.

O animador da BRINQUEDOTECA deve desenvolver atividades que provoquem o desejo da criança de retornar.

O animador da BRINQUEDOTECA pode organizar vários tipos de atividades lúdicas para serem escolhidas pelo grupo ou escola que vem para passar algumas horas, desde campeonatos até mini cursos de confecção de roupa de boneca ou de brinquedos.

As atividades planejadas para grupos têm características que se aproximam da recreação. Convém, portanto, fazer aqui algumas considerações sobre a diferença entre as atividades recreativas e as oportunidades de brincar livremente, profundamente, que a BRINQUEDOTECA proporciona.

A grande diferença entre os dois tipos de atividades está no fato de que, nas atividades recreativas planejadas, o educador dirige a ação e as crianças seguem a proposta. Já no brinquedo livre, é a criança quem dirige a atividade; ela cria, inventa, transforma, constrói e se expressa.

A escola normalmente proporciona atividade dirigida em excesso. Ali, a criança é espectadora do professor. Na BRINQUEDOTECA ela é o artista e os educadores são os espectadores.

✓ *Os brinquedistas devem ser preparados para respeitar a escolha e o processo da criança.*

Embora certas vezes seja necessário planejar algumas atividades, é preciso tomar cuidado para não tornar a criança espectadora, mais uma vez.

A BRINQUEDOTECA deve ser um lugar onde o autoconceito da criança seja elevado, onde ela se sinta capaz e possa dizer, muitas vezes, ... fui eu que fiz...

A família das crianças na Brinquedoteca

Quando os pais vão até a BRINQUEDOTECA, é bom sinal: já estão despertos para a importância do brinquedo na vida de seus filhos. Mas mesmo sabendo que brincar é importante, podem não saber como fazê-lo, ou sentir-se desajeitados para sentar junto e brincar.

Alguns adultos têm dificuldade em se relacionar com as crianças, talvez por não terem brincado muito na infância. Por esta razão, é preciso salvar a criança que existe dentro deles, que talvez não esteja muito saudável.

✓ *Nem sempre esta tarefa é fácil, mas pode ser uma contribuição valiosa para melhorar a qualidade de vida, não só das crianças envolvidas, mas de toda a família.*

A alegria é uma manifestação saudável. Se nossa criança interior não estiver bem, não conseguiremos ser alegres nem brincar.

Resgatar a ludicidade das famílias é uma das tarefas importantes da BRINQUEDOTECA.

É preciso ensinar a brincar, ouvir, ser compreensivo e sorrir, sorrir bastante. Nada une mais as pessoas do que partilhar uma boa gargalhada.

Para facilitar e estimular o relacionamento familiar pode se escolher um jogo de que a criança goste. Em torno dele, a família ou os amigos podem se reunir e o jogo, como um brinquedo, pode funcionar como objeto facilitador do relacionamento, proporcionando uma boa oportunidade para uma convivência agradável.

A equipe responsável pela BRINQUEDOTECA pode organizar cursos para pais sobre o papel do brinquedo nas diferentes etapas do desenvolvimento infantil, que conte-nham atividades práticas, vivências e reflexões em torno dos brinquedos.

A BRINQUEDOTECA pode ser um centro de orientação educacional.

Em alguns países ela é considerada um centro de recursos para a família. Dentro do clima de espontaneidade e afetividade que lhe é peculiar, os pais poderão se sentir mais à vontade para falar sobre questões relativas à educação dos filhos e ficar mais disponíveis para receber orientação educacional.

✓ *Brincando junto, a família pode encontrar novas formas de estreitar o relacionamento e descobrir o prazer na interação.*

A Brinquedoteca e a criança carente

A criança socialmente prejudicada, que não usufrui dos benefícios de um lar e uma família organizada, pode neces-sitar de estímulo e ajuda para superar as defasagens não somente nutricionais como afetivas e sócio-culturais. Muitas vezes elas sentem dificuldade em adaptar-se à escola ou a outras instituições rigidamente estruturadas.

O desenvolvimento do caráter e da afetividade é muito mais influenciado pelo meio ambiente do que pela hereditariedade. São os fatores provenientes do meio ambiente que fovorecem, ou frustram, as necessidades básicas da criança. É a relação humana que determina a formação da sua sensibilidade e caráter; por isso, são tão importantes as trocas afetivas e a maturidade emocional do educador.

✓ *A carência afetiva tem sobre a criança efeitos físicos, intelectuais e emocionais.*

Segundo o Prof. Enzo Azi, a privação afetiva provoca:

- Efeitos físicos: indiferença, fraca reação a estímulos, falta de apetite, pouco aumento de peso, palidez e tendência a febre e eczemas.

- Efeitos intelectuais: rebaixamento do Q.I.

- Efeitos emocionais: deficiência e controle racional, imaturidade emocional, inclinação à esquizofrenia, conduta anti-social, agressão hostil, incapacidade para dar e receber afeto, incapacidade para entender e aceitar limitações, insegurança na adaptação ao meio.

Os dados da pesquisa do Prof. Enzo Azi mostram clara-mente porque a criança carente tem dificuldade de se adaptar à Escola Pública.

✓ *A prevenção da delinquência é tarefa da Educação.*

Entretanto, os modelos tradicionais de instituições educacionais não vão ao encontro das necessidades das crianças que não tiveram o apoio de uma família organizada e oportunidades de aprender o que são limites e valores morais.

Os altos índices de evasão escolar constituem prova irrefutável de que muita coisa precisa mudar se quisermos que os sistemas de educação formal realmente contribuam para evitar a delinquência infantil. Talvez tenhamos que, ao invés de impor limites e fazer juízos morais, cobrar comportamentos adequados e níveis determinados de desempenho, dar-lhes chances para descobrirem suas potencialidades, vislumbrarem possibilidades de superar as suas defasagens e encontrar boas razões para viver.

Se quisermos ter, no futuro, cidadãos sensíveis e educados, precisamos hoje priorizar o cultivo da sensibilidade e a formação de uma escala de valores com reflexão e consciência, que só é possível por meio de relações humanas nutritivas que propiciem a formação de um bom auto-conceito mútuo.

✓ *A formação acadêmica ministrada na Escola cada vez mais se distancia do indivíduo como pessoa.*

A necessidade de atender a um grande número de alunos provoca uma equalização nos padrões estabelecidos e quem foge a eles é automaticamente marginalizado. Mas para que uma criança possa adaptar-se a normas e estruturas, precisa ter suas carências e necessidades básicas relativamente equacionadas.

O atendimento oferecido numa BRINQUEDOTECA pode ajudar muito nestes casos porque, além de ser educacional, favorece o equilíbrio emocional.

A BRINQUEDOTECA é um contexto bem diferente de uma Escola, porque nela não há cobranças mas uma preocupação em atender às necessidades afetivas e ao interesse das crianças.

Brincando, irão descobrir que as regras são parte do jogo e que as normas servem para facilitar a convivência.

A educação informal, como é exercida na BRINQUEDOTECA, provoca transformações profundas porque acontece naturalmente. As formas de convivência democrática encorajam a autonomia e estimulam o amadurecimento emocional.

Neste espaço tão especial, a criança carente pode conhecer um tipo de relacionamento novo, onde a relação entre as pessoas é prazerosa e enriquecedora, onde sua sensi-bilidade pode ser cultivada e suas necessidades afetivas compreendidas.

Brinquedoteca e criatividade

O avanço da tecnologia criando super especializações e acelerando a produção de informações faz com que, cada vez mais, seja impossível adquirir todas as informações necessárias à garantia de um desempenho sempre atualizado. Não é possível saber tudo sobre tantos novos campos de conhecimento.

Dentro deste processo cada dia mais complexo, a sobrevivência parece depender também cada vez mais da criatividade necessária às constantes adaptações que as novas tecnologias impõem. E se não é possível estar preparado para todas estas novas situações, uma coisa é certa: precisamos estar preparados para usar de criatividade.

A criatividade, que era particularmente valorizada no campo das artes, passa agora a ser absolutamente necessária na constante busca de soluções alternativas para problemas decorrentes desta complexidade tecnológica e das rápidas transformações sociais.

✓ *Desenvolver o pensamento criativo passou a ser uma meta prioritária na preparação para o futuro, visto que os conhecimentos adquiridos hoje podem não valer nada amanhã.*

Em contrapartida, o crescimento populacional levou a Escola a adaptar-se à massificação, tornando-se cada vez mais racionalista e estruturada para poder atender um maior número de alunos por classe. Aprimorou-se a técnica na educação e as crianças passaram a ter que assimilar conteúdos prontos e a realizar provas que, para poderem ser corrigidas facilmente, devem conter respostas progra-madas.

Não há mais espaço para manifestações pessoais; a criatividade é punida, foi substituída pela resposta esperada. Não se pode criar onde tudo já está programado. Este é um impasse que é preciso enfrentar, pois a criatividade natural da criança deve ser preservada e estimulada.

Na BRINQUEDOTECA
a criança brinca e cria sempre mais,
com vários brinquedos e
com muita variedade de materiais,
desafiando e promovendo
a inventividade.

Resgata assim o direito à verdadeira especialidade que é a de ser diferente e único.

Os diferentes tipos de Brinquedoteca

As BRINQUEDOTECAS existem para atender às necessidades lúdicas e afetivas das crianças. Mas existem crianças diferentes e situações diferentes. Para atender essas diferenças, há também diferentes BRINQUEDOTECAS. Hoje elas existem em favelas, museus, circos, creches, escolas, presídios, hospitais e caminhões.

Pelo mundo a fora, diversos tipos de BRINQUEDOTECA têm surgido como resultado do esforço de proporcionar condições adequadas para que as crianças brinquem bem, apesar das dificuldades que possam existir.

Mesmo que esteja hospitalizada, seja portadora de qualquer deficiência ou viva em situação de pobreza, a criança precisa brincar; caso contrário, o seu desenvolvimento global poderá ficar comprometido.

Citaremos aqui alguns tipos de BRINQUEDOTECAS mais característicos, começando por aquela que foi, talvez, a primeira delas, a Lekotek.

A Lekotek

Criada em 1963, na Suécia, a Lekotek — que quer dizer Ludoteca, em sueco — atende somente crianças portadoras de deficiências ou que sofram algum prejuízo no seu desenvolvimento. Ali, o trabalho assemelha-se ao de uma clínica e o atendimento é feito com a presença dos pais.

✓ *A terapeuta do brinquedo observa, interage e avalia a criança para depois sugerir quais brinquedos a família deverá levar para casa.*

A mãe é orientada sobre como brincar com a criança e, ao sair, já marca a próxima visita. Quando, por alguma razão, a criança não pode ir à Lekotek, a terapeuta vai a casa dela para que o fornecimento de brinquedos destinados à estimulação da criança não seja interrompido.

É o Ministério da Saúde que financia este trabalho já tão difundido na Suécia.

Sally de Vincent levou o modelo para os Estados Unidos e criou o National Lekotek Center, em Chicago, uma fundação que já congrega setenta Lekoteks espalhadas pelo país e que treina e supervisiona profissionais para realizarem este trabalho. Neste Centro funciona também o Compuplay, um departamento de informática que proporciona progra-mas e treinamento para deficientes brincarem e aprenderem com computadores.

Brinquedoteca hospitalar

A BRINQUEDOTECA Hospitalar tem a finalidade de tornar a estadia da criança no hospital menos traumatizante e mais alegre, possibilitando assim melhores condições para sua recuperação.

A internação num hospital, além de provocar uma interrupção na rotina de vida da criança, favorece a sua insegurança porque a priva de seus parentes e amigos, seus brinquedos e tudo o que lhe é familiar. Ela fica portanto sujeita a deixar-se envolver pelo pânico ou pela tristeza, o que certamente dificultará tanto a aceitação do tratamento como a sua recuperação.

Para alegrar a criança durante sua permanência no hospital foi criada a BRINQUEDOTECA Hospitalar.

Aqui a criança pode encontrar brinquedos para se distrair e, no caso de não poder deixar o leito, os brinquedos serão levados até ela.

Os cuidados tomados habitualmente com relação à higiene e à esterilização precisam ser mantidos em relação aos brinquedos. Nos setores em que se atendem moléstias infecciosas, os brinquedos deverão ser descartáveis. Se houver voluntários no hospital, eles poderão fazer brinquedos de sucata, que serão jogados fora após sua utilização. Nos hospitais existem muitos materiais descartáveis que, se não tiverem sido expostos a contaminação, poderão ser utilizados na confecção de brinquedos ou ser entregues às crianças para que elas criem com eles.

A BRINQUEDOTECA Hospitalar tem os seguintes objetivos:

1º) PREPARAR A CRIANÇA PARA AS SITUAÇÕES NOVAS QUE IRÁ ENFRENTAR

Ela poderá vestir roupa de médico ou de enfermeira, brincar com instrumentos cirúrgicos de brinquedo e, através de situações lúdicas, tomar conhecimento sobre detalhes da vida no hospital e sobre o tratamento a que vai ser submetida. Deve, também, ser estimulada a fazer perguntas para que os seus temores possam ser neutralizados.

2º) Preservar sua saúde emocional

Proporcionando-lhe oportunidades para brincar e encontrar outras crianças, parceiras dentro da situação pela qual estão passando. Acima de tudo, as atividades lúdicas devem servir para manter a autoconfiança e ajudá-la a superar essa adversidade.

3º) Dar continuidade ao processo de estimulação de seu desenvolvimento

Uma internação prolongada é uma grande interrupção das atividades onde a criança processa o seu desenvolvimento, vive experiências e aprende. Para que ela não seja prejudicada, outras oportunidades de interação precisam ser proporcionadas dentro do hospital.

4º) Tornar o ambiente agradável

Proporcionar condições para que a família e as pessoas que vão visitar a criança se encontrem com ela num ambiente favorável, que não deprima nem aumente a condição de vítima em que a criança se encontra: nada deprime e assusta mais uma criança do que ser tratada como coitadinha. Um brinquedo ou um jogo podem facilitar o relacionamento, tornando-o mais alegre.

5º) Preparar a criança para a volta ao lar

Se a permanência for longa, alguns vínculos podem ser rompidos e ela pode precisar de ajuda para se readaptar. Em certos casos, voltar pode ser pior do que ficar. No hospi-tal, ela pode ter encontrado mais atenção e alimento do que em sua casa.

BRINQUEDOTECA CIRCULANTE

Este tipo de BRINQUEDOTECA, muito comum na Europa e no Canadá, tem os mesmos objetivos das outras BRINQUEDOTECAS mas funciona dentro de um veículo, que pode ser um ônibus ou um caminhão, um trailer adaptado ou um "brinquedeiro". É a alternativa para atingir comunidades mais distantes ou para atender vários locais em sistema de rodízio. Dentro do veículo são colocados os brinquedos e alguns pequenos móveis ou apetrechos que podem ser necessários para a montagem da BRINQUEDOTECA nos espaços designados para essa finalidade. Poderá, por exemplo, ser o pátio de uma igreja, uma creche, um orfanato, uma escola pública ou um centro comunitário.

Algumas sugestões para quem quer criar este tipo de atendimento:

1º) Planejar, começando por conhecer os lugares onde a BRINQUEDOTECA deverá chegar. Ver se existem condições mínimas de segurança e higiene (a equipe pode querer beber água ou ir ao banheiro).

2º) Conversar com as pessoas responsáveis pelo local e combinar os dias e os horários antecipadamente.

3º) Fazer um levantamento sobre as crianças ou jovens que vão atender, analisar suas idades, necessidades principais e preferências.

4º) Escolher os brinquedos pensando nas crianças e providenciar caixas ou cestas para transportá-los.

5º) Programar também a volta, a limpeza e a recuperação dos brinquedos.

6º) Fazer uma avaliação do trabalho com a equipe. Tendo a sorte de dispor de um trailer com espaço para se reunirem, aproveitar o caminho de volta para fazer esta avaliação.

7º) Se houver possibilidade, começar também um trabalho com as famílias das crianças; avôs e avós aposentados podem ser ótimos colaboradores para fazer e consertar brinquedos.

A visita da equipe da BRINQUEDOTECA pode ser uma ótima oportunidade para esclarecer aspectos ligados à edu-cação e à saúde das crianças.

Brinquedoteca Terapêutica

BRINQUEDOTECAS terapêuticas são aquelas onde se procura aproveitar as oportunidades oferecidas pelas atividades lúdicas para ajudar as crianças a superar dificuldades específicas.

Existem vários projetos que podem ser desenvolvidos neste tipo de BRINQUEDOTECA.

Citaremos os dois mais comuns:

- A BRINQUEDOTECA Terapêutica que atende portadores de deficiências — mentais, visuais, físicas ou auditivas — pode ter os seguintes objetivos:

1º) Proporcionar à criança os estímulos e benefícios auferidos pelo brincar e pelos brinquedos.

2º) Dar orientação aos pais destas crianças sobre como poderão brincar de forma enriquecedora com seus filhos.

3º) Emprestar brinquedos para as crianças e suas famílias levarem para casa.

4º) Enriquecer o relacionamento da criança com sua família e amigos.

✓ *Para atingir a meta desejada, este tipo de BRINQUEDOTECA necessita de uma equipe de pro-fissionais especializados na deficiência que se propõe a atender, ou pelo menos, de uma supervisão eficiente de especialistas.*

Estes técnicos vão observar o desempenho da criança através de sua interação lúdica, verificar quais as suas necessidades e, através da preparação do ambiente onde a criança vai brincar, proporcionar atividades que ofereçam o estímulo mais adequado para ela. Farão então uma pré-seleção de brinquedos para escolher os mais adequados ao seu estágio de desenvolvimento e, portanto, mais capazes de interessá-la.

Quando uma criança não se interessar por brinquedo algum, o terapeuta interagirá com ela, sempre de forma lúdica e afetiva, procurando motivá-la a brincar e apresentando o uso funcional do brinquedo, que a criança sozinha talvez não tenha percebido como usar.

O empréstimo de brinquedos adequados (de preferência aqueles que a criança escolheu e com os quais já brincou) irá assegurar a continuidade do trabalho em casa.

Se o atendimento for individualizado, os pais poderão estar presentes apenas para observar como os terapeutas interagem.

O apoio e a orientação aos pais é fundamental nestes casos, pois eles ficam a maior parte do tempo com a criança e irão dar continuidade ao processo de estimulação em casa.

✓ *Participar de um grupo de pais é uma forma de conhecer parceiros, e uma oportunidade de trocar experiências e aprender coisas novas...*

A orientação psicológica pode também esclarecer dúvidas e dar subsídios para enriquecer a interação com a criança — a fim de torná-la mais produtiva não só para a criança mas também para os próprios pais, que ficarão mais felizes em conseguir um bom relacionamento com seus filhos.

Uma tarefa muito importante do brinquedista especializado é mostrar como se pode brincar com a criança surda, cega, paralítica ou severamente retardada. Brincar com alguém é uma forma de trocar afeto mas às vezes esta troca parece difícil porque não sabemos como fazer nem por onde começar.

Frequentemente, a preocupação com o tratamento da criança faz desaparecer a alegria e a ludicidade no relacionamento. Quando isto acontece, é preciso resgatar os aspectos lúdicos para que a família tenha condições para brincar com a criança portadora de necessidades especiais. Jogar jogos bem divertidos com os companheiros do grupo de pais pode ser uma maneira de descontrair e aliviar tensões.

A BRINQUEDOTECA Terapêutica proporciona à família da criança portadora de necessidades especiais um tipo de apoio que pode contribuir de forma decisiva para a melhoria de sua qualidade de vida.

- A BRINQUEDOTECA que atende crianças com dificuldades escolares.

Este tipo de BRINQUEDOTECA precisará de uma professora especializada ou de uma psicopedagoga. O diagnóstico psicopedagógico irá subsidiar a indicação dos jogos e brinquedos, mas a escolha final da criança deverá sempre ser respeitada.

Muitas vezes, crianças que têm determinadas dificuldades na escola não apresentam as mesmas dificuldades em seu desempenho na BRINQUEDOTECA.

✓ *A descontração, a afetividade e, principalmente, a ausência de cobrança que caracterizam o ambiente de uma BRINQUEDOTECA, fazem com que as crianças manifestem capacidades que, em clima de tensão, não conseguem manifestar.*

O Setor de Recursos Pedagógicos

Para escolher jogos, brinquedos ou materiais adequados, com a finalidade de trabalhar uma determinada dificuldade ou estimular uma função, é indispensável que eles tenham sido classificados previamente.

✓ *De nada serve termos um milhão de jogos se não soubermos onde encontrá-los, quais as caracte-rísticas de cada um e quais os recursos pedagógicos que oferecem.*

Para subsidiar uma utilização mais técnica e facilitar o aproveitamento dos brinquedos como recursos pedagógicos, a BRINQUEDOTECA pode ter o seu Setor de Recursos Pedagógicos, ou seja, o acervo de brinquedos catalogados e classificados segundo um sistema de classificação que permita a localização do brinquedo certo para determinada situação.

A necessidade de criar condições para que o aprendizado aconteça faz com que os educadores voltem a sua atenção para a preparação de situações que facilitem interações através das quais a criança possa aprender por si mesma.

As situações-problema contidas na manipulação de brinquedos e materiais desafiam o pensamento e as habilidades da criança. Se os estímulos forem adequados ao estágio de desenvolvimento em que ela se encontra, as experiências serão aprendizagens ricas e duradouras.

Para criar essas situações estimulantes, o educador precisa de conhecimentos teóricos sobre o nível do desempenho da criança, e de experiências práticas relativas às possibilidades de exploração que os brinquedos podem oferecer. Para atender a esta necessidade dos educadores pode ser criado o Setor de Recursos Pedagógicos, para fornecer informações mais específicas sobre os brinquedos, obtidas após análise e classificação minuciosa. Instalado em Escolas, Faculdades ou em BRINQUEDOTECAS, este setor não pode ser confundido com elas.

✓ *O Setor de Recursos Pedagógicos é um departamento que irá subsidiar a utilização dirigida de jogos, brinquedos e materiais pedagógicos.*

Classificados, organizados e catalogados em função das suas características principais, os recursos podem ser utilizados por professores do Ensino Fundamental, para uso em classe, por professores universitários, para exemplificar metodologias em aula, ou ainda na BRINQUEDOTECA, para serem emprestados a crianças que precisam de deter-minado estímulos.

Este é um tipo de atendimento técnico que pode subsidiar, também, o trabalho da BRINQUEDOTECA Terapêutica.

Os objetivos do Setor de Recursos Pedagógicos são:

1º) Organizar o acervo de brinquedos, jogos e materiais pedagógicos nos moldes de uma biblioteca.

2º) Analisar, classificar e catalogar os jogos, brinquedos e materiais de forma a facilitar o acesso e possibilitar sua localização atendendo a solicitações específicas.

3º) Pesquisar a exploração pedagógica de todos estes materiais e criar as adaptações necessárias a sua melhor utilização.

4º) Organizar um banco de dados (ou simplesmente um arquivo) com catálogos de brinquedos, endereços de lojas e de fabricantes, assim como de pastas com cópias das regras dos jogos e dos modelos para brinquedos de construção.

5º) Zelar pela conservação do acervo.

6º) Coordenar o empréstimo dos materiais fazendo o registro no Livro de Registro de Empréstimos a cada retirada e devolução.

O trabalho do Setor de Recursos Pedagógicos é bem semelhante ao de uma biblioteca circulante, cujos usuários são os educadores, ao passo que, na BRINQUEDOTECA, os usuários são as crianças.

As escolas que possuem farto material pedagógico também precisam deste setor, se quiserem fazer uma utilização mais racional de seus materiais. Adotando o Sistema de Rodízio de Materiais, obterão as seguintes vantagens:

- A centralização de todos os materiais em um local só permitirá melhor organização, tratamento mais adequado dos mesmos e uma forma de utilização mais técnica.

- Não permanecendo somente em uma sala de aula, os jogos poderão ser utilizados por todas as outras salas em sistema de rodízio.

- Os materiais são selecionados pelo próprio professor que, assim, estará mais motivado a explorá-los com seus alunos.

- Como os materiais serão devolvidos ao Setor de Recursos Pedagógicos, sua utilização é mais cuidadosa e a preservação do material assegurada.

- O controle do empréstimo dos materiais permite um levantamento sobre a necessidade de adequação dos jogos, para sua maior funcionalidade. Pode haver necessidade de adaptação ou substituição de uma embalagem, ou sugestões para enriquecer sua exploração. As futuras aquisições também poderão ser efetuadas com base no resultado das observações sobre as preferências e as necessidades manifestadas pelos educadores.

- O Sistema de Rodízio de Materiais dentro da escola propicia maior valorização dos brinquedos, jogos e materiais como recursos pedagógicos, na medida em que enriquece e subsidia sua utilização.

- A economia, resultante da maior durabilidade dos brinquedos compensa a despesa da contratação de uma pessoa para assumir este departamento.

As faculdades de Educação, obrigadas a ter bibliotecas e bibliotecários, deveriam ter Centros de Recursos Pedagógicos para os estudantes conhecerem os recursos que poderão utilizar na preparação das situações de aprendizagem.

Para que seja possível classificar todos os materiais de modo que atenda às necessidades dos educadores, foi desevolvido o Sistema de classificação de jogos, brinquedos e materiais pedagógicos N.C., que apresentaremos a seguir.

Sistema de classificação de jogos, brinquedos e materiais pedagógicos N.C.

Este sistema foi desenvolvido com o objetivo de possibilitar a classificação de jogos, brinquedos e materiais pedagógicos.

Para sua elaboração, foram considerados vários aspectos relativos ao brinquedo, desde sua origem até a qualidade do estímulo que oferece à criança.

A organização deste sistema tem por objetivo facilitar o acesso ao material pelos educadores. A seleção dos itens para catalogação obedeceu a critérios técnicos e de praticidade. Os dez primeiros itens referem-se ao registro de informações sobre aspectos físicos dos brinquedos; os seguintes, referem-se a aspectos pedagógicos.

O sistema de classificação de jogos, brinquedos e materiais pedagógicos é composto pelos seguintes itens:

1. Número de registro
2. Localização
3. Data de entrada
4. Nome do brinquedo
5. Fabricante e local
6. Código e ano de fabricação
7. Componentes
8. Embalagem
9. Preço
10. Tipo

    10.1. Brinquedo:
    Blocos de construção
    Brinquedo de afeto
    Brinquedo de armar
    Brinquedo de berço
    Brinquedo de faz-de-conta

Brinquedo de manipulação
Brinquedo de montar
Brinquedo hipnótico
Brinquedo musical

10.2 Jogo
Jogo de sorte
Jogo de baralho
Jogo de circuito
Jogo de cooperação
Jogo de destreza
Jogo de dominó
Jogo de loto
Jogo de memória
Jogo de paciência
Jogo de perguntas e respostas
Jogo de tarefas
Jogo didático
Jogo esportivo
Jogo de estratégia
Jogo de RPG (Role Play Game)

10.3 Quebra-cabeças

10.4 Material Pedagógico

11 Atividades propostas

12 Tema

13 Área de desenvolvimento

14 Conteúdo de programação escolar

15 Idade aproximada

Estes itens deverão fazer parte do Livro de Registro (Livro de Tombo), como exemplificaremos a seguir.

✓ *No caso de a classificação ser feita por computador, os itens estarão contidos no programa criado para essa finalidade.*

Os dois sistemas poderão ser utilizados: o registro no Livro de Registro, que pode ser feito a qualquer momento e a passagem para o computador, copiando as informações já coletadas no livro.

A existência do computador não invalida o Livro de Registro, pois ele é um documento importante cujo valor só o tempo irá testemunhar.

Livros de Registro de jogos, brinquedos e materiais pedagógicos

1. Número de registro

Este número corresponde ao registro feito por ordem de entrada no Livro de Registro dos brinquedos (Livro de Tombo) e é colocado no brinquedo através de uma etiqueta ou outra forma de marcação.

OBS: Um mesmo brinquedo pode ser apresentado em embalagens diferentes, com quantidades diferentes de peças e diferentes códigos de fabricação. Mas, se houver outro, mesmo que seja um exemplar igual, deverá ter outro número de registro.

2. Localização

Este item refere-se à localização do brinquedo nas estantes. É identificado por uma letra de determinada cor escrita ao lado do número; a letra indica a coluna na estante e a cor, a prateleira onde o brinquedo se encontra. No caso de no momento, não haver o brinquedo no acervo, o item localização não é preenchido.

3. Data de entrada

Refere-se ao dia em que é feito o registro.

4. Nome do brinquedo

É usado o nome que consta na embalagem e no catálogo (se houver). Quando não há certeza sobre o nome, deve ser escrito o nome suposto, a lápis, no Livro de Registro, pois a identificação do mesmo poderá ser feita pelo número de registro.

5. Fabricante e local

O nome da indústria ou artesão que produziu o brinquedo e da cidade, estado ou país onde se localiza o fabricante.

6. Código e ano de fabricação

Este item refere-se ao código ou número de referência constante no catálogo do fabricante e ao ano em que o brinquedo foi fabricado.

7. Componentes

Nesta coluna é feita uma descrição resumida das peças que compõem o jogo, incluindo-se o material de que é feito (cartão, plástico, madeira, metal), número de peças e sua forma, e cor.

8. Embalagem

Descrição da embalagem, se existe: caixa de madeira, plástico ou cartão, se é um saco plástico ou se não existe embalagem.

9. Preço

Registro do valor do brinquedo, preço de catálogo ou do mercado, para que se possa calcular o valor do acervo ou quanto deverá ser gasto para substituí-lo.

10. Tipo

Este item refere-se às características dos brinquedos, jogos e materiais pedagógicos quanto à forma de brincar que sugerem.

Podemos classificar os brinquedos nos seguintes tipos:

10.1 Brinquedo:

- Blocos de construção: blocos ou peças que servem para ser empilhados de forma a possibilitar construções.
- Brinquedo de afeto: macio, agradável ao tato e que desperta afetividade na criança.
- Brinquedo de armar: aquele constituído por peças que podem ser encaixadas de diferentes maneiras, possibilitando a formação de vários tipos de objetos ou figuras.
- Brinquedo de berço: aquele com o qual a criança brinca ainda dentro do berço.
- Brinquedo de faz-de-conta: o que representa alguma coisa ou imita outros objetos, animais, pessoas etc.
- Brinquedo de manipulação: aquele que estimula a criança a continuar mexendo, pois oferece oportunidade para diferentes tipos de manipulação.
- Brinquedo de montar: aquele composto de partes separadas, que possibilita ser desmontado e recomposto.
- Brinquedo hipnótico: o que atrai a atenção e provoca concentração, proporcionando gratificação instantânea através de um tipo de manipulação que requer apenas um gesto ou habilidade motora simples.
- Brinquedo musical: que produz música.
- Brinquedo pedagógico: o que foi confeccionado com o objetivo de proporcionar alguma aprendizagem ou exercício.
- Brinquedo sonoro: aquele cuja manipulação produz sons, mas não as notas da escala musical.

10.2. Jogos

Chamamos de jogo ao brinquedo, ou atividade, baseada em regras que condicionam a vitória ou a perda. Qualquer objeto ou material pode ser utilizado tanto para um exercício didático quanto para uma brincadeira ou jogo. O que caracteriza o jogo é a existência de regras e condições para que um ou mais participantes sejam vencedores ou perdedores.

Existem muitos tipos de jogos. Podemos citar alguns:

- Jogo de Sorte: aquele em que a perda ou ganho depende apenas de sorte e não de alguma habilidade física ou mental.
- Jogo de Baralho: baseado na utilização de cartas que compõem um baralho, com figuras, letras, números ou outros sinais.
- Jogo de Circuito: baseado em um percurso a ser seguido.
- Jogo de Cooperação: aquele em que não há competição porque os jogadores deverão, juntos, alcançar a proposta do jogo.
- Jogo de Destreza: requer maior eficiência e rapidez em uma habilidade específica.
- Jogo de Dominó: composto por 28 peças retangulares divididas ao meio, cuja forma de jogo possibilita que cada lado das peças, com características semelhantes, sejam agrupadas.
- Jogo de Loto: composto por cartelas e cartelinhas ou peças que devem ser superpostas às referidas cartelas.
- Jogo da Memória: composto por peças em duplicata que devem ser identificadas através da memorização de sua localização.

- Jogo de Paciência: aquele em que o jogador deverá conseguir realizar sozinho a proposta do mesmo.
- Jogo de Perguntas e Respostas: a dinâmica está baseada em respostas a determinadas perguntas.
- Jogo de Tarefas: a dinâmica está baseada na execução de tarefas por parte dos jogadores.
- Jogo Didático: a dinâmica está voltada para alguma aprendizagem específica.
- Jogo Esportivo: baseado em exercícios físicos que envolvem habilidades motoras.
- Jogo de Estratégia: aquele que requer planejamento de situações ou criação de estratégias.
- Jogo de RPG: a sigla significa Role Play Game, ou seja, jogo de papéis, no qual os participantes escolhem os personagens que irão representar e agem de acordo com seus poderes e limitações.

10.3. Quebra-cabeças

Conjunto de peças que constituem uma figura que pode ser decomposta e composta novamente.

Os quebra-cabeças podem ser de diferentes tipos: encaixes planos, verticais, peças para serem montadas.

Para avaliar o nível de dificuldade de um quebra-cabeças de encaixe deve-se levar em conta o tipo de recorte, o desenho e o número de peças.O tipo de recorte de peças pode sugerir um encaixe ou não. Os sinuosos são mais fáceis de combinar e os simétricos mais difíceis.

10.4. Material pedagógico

Aquele que tem por objetivo uma aprendizagem específica sem conter obrigatoriamente uma proposta lúdica. Pode ser auto-corretivo ou não.

São auto-corretivos quando não oferecem possibilidade de erro porque só podem ser manipulados de uma forma determinada.

11. Atividades propostas

Este item refere-se ao tipo de ação a ser realizada pela criança na utilização do brinquedo ou na persecução do objetivo do jogo.

Essa informação é importante para que se possam selecionar jogos cuja dinâmica seja adequada ao nível de desenvolvimento do aluno.

Para facilitar a classificação das possibilidades de atividades requeridas pelo jogo foi elaborada a seguinte lista:

A	B	cortar com tesoura
abotoar	balançar	cortar sem tesoura
abrir e fechar	bater	costurar criar
acentuar	brincar	
acertar o alvo		D
acolchetar	C	decalcar
acompanhar o ritmo	calcular	decodificar
afivelar	carimbar	decompor
agrupar	carregar	desenhos
alinhavar	chutar	decompor frases
amarrar	classificar	decompor palavras
amassar	codificar e	deduzir
analisar	descodificar	derrubar
andar	colar	descobrir segredos
antecipar fatos	colorir	descrever
apalpar	combinar	desenhar
apertar	comparar	deslocar
arma	competir	desmontar
arremessar	completar figuras	dialogar
associar figuras	completar frases	digitar
associar formas	completar palavras	direcionar
associar idéias	compor figuras	discar
associar letras	compor frases	discriminar cores
ass. letras e figuras	compor palavras	discr. estr. ritmícas
ass. letras e palavras	compor e decompor	discr. fig.-fundo
ass. n° e quantidade	conceituar	discr. formas
associar objetos	concentração	discr. peso
associar palavras	construir	discr. posições
ass. palavras a fig.	contar	discr. sons
associar tamanhos	contornar	discr. tamanhos
atirar	controlar	discr. texturas
	copiar	dividir dramatizar
	correr	

E

empilhar
empurrar
encaixar peças
encaixar pinos
enfiar
enrolar
enroscar
equilibrar
escrever
escutar
estampar
estruturar tempo
estruturar espaço
executar ordens

F

falar
Fazer: analogias, corresp. Termo a termo e força
focalizar o olhar
formar: conjuntos, figuras, frases e palavras

G

generalizar
girar

I

identificar cores
identificar figuras
ident. fig. geométricas
ident. formas
ident. letras
ident. números
ident. objetos
ident. partes do todo
identificar pesos
ident. posições
ident. quantidade
indent. silhuetas
ident. sons
ident. sons iniciais
ident. sons finais
ident. tamanhos
ident. volumes
inferir

J

julgar

L

ler
ler as horas
ligar
limpar
lixar
localizar

M

manipular
martelar
memorizar
montar

N

nomear

O

observar
ordenar letras
ordenar números
ordenar quantidade
ordenar sentenças
ordenar tamanhos
organizar seqüência
org. seq. lógica
org. seq. temporal
ortografar
ouvir

P

parear cores
parear figuras
parear formas
parear objetos
parear tamanhos
pedalar
pegar
pensar
perceber a fig. a fundo
perfurar
pescar
pintar
planejar
pontuar
preencher
pregar
pressionar
pular
puxar

R

raciocinar
rebater
recolher
reconhecer objetos
recortar
redigir
relaxar
repetir
batidas
repetir frases
repetir numerais
repetir palavras
repetir seqüências
repetir sons
representar
reproduzir desenhos
reproduzir estruturas
reproduzir modelos
reproduzir palavras
reproduzir sons
reverter
rimar
rosquear

S

seguir
seguir pistas
selecionar sentir
separar objetos
separar palavras
separar partes
sequenciar
seriar
sintetizar
somar
soprar
superpor

T

tecer
telefonar
tocar
traçar
transpor

V

vestir e despir
virar

OBS: Alguns jogos ou brinquedos podem envolver mais de uma das atividades anteriormente descritas. Quando isto ocorrer, deverão ser citados todos os tipos envolvidos.

12. Tema

Refere-se aos temas figurativos ou assuntos utilizados como centro de interesse no jogo, tais como ilustrações, personagens etc... Frequentemente os jogos são procurados pelo assunto que abordam: animais, transportes, frutas, Peter Pan. Milhares de outros assuntos podem constituir motivação em certas situações. A variedade de temas é infinita pois a cada dia surgem novas palavras e novos nomes de personagens. A existência deste item na classificação pode enriquecer as possibilidades e facilitar a seleção de jogos que vão de encontro à motivação das crianças.

13. Área de desenvolvimento

Procura-se aqui apontar, de maneira global, quais as áreas do desenvolvimento infantil mais estimuladas pela utilização do jogo.

1. Motricidade ampla
2. Motricidade fina
3. Coordenação viso-motora
4. Percepção sensorial
5. Percepção tátil
6. Percepção visual
7. Percepção gustativa
8. Percepção olfativa
9. Percepção auditiva
10. Percepção estereognóstica
11. Esquema corporal
12. Estrutura tempo-espacial
13. Pensamento
14. Linguagem
15. Sociabilidade

A classificação das funções específicas requeridas para o jogo aparece no item "Atividades propostas".

14. Idade aproximada

Embora não seja confiável a indicação de brinquedos por critério de faixa etária, e apenas com o intuito de possibilitar o acesso a esse tipo de informação, foram esta-belecidas algumas faixas etárias onde haverá maior possibilidade de indicação de brinquedos para crianças com desenvolvimento normal.

- 0 a 8 meses
- 8 a 24 meses
- 2 a 4 anos
- 4 a 7 anos
- 7 a 10 anos
- 10 anos em diante

Entretanto, como já dissemos no capítulo "Brinquedos para as diferentes etapas de desenvolvimento", a utilização do critério de faixa etária foi incluída apenas para atender uma solicitação frequente, pois a idade cronológica não é uma referência confiável.

✓ *No processo de classificação de um jogo ou brinquedo, deverão ser utilizados somente os termos que realmente representam as funções essenciais envolvidas no jogo.*

Em qualquer manipulação de materiais, entretanto, funções como percepção visual e percepção tátil estão basicamente envolvidas pois, ao lidarmos com os objetos, geralmente usamos nosso tato e visão.

✓ *A vantagem de utilizar um Sistema de Classificação é tornar possível a localização imediata de determinados jogos.*

Se queremos, por exemplo, um jogo que ensine frações ou um brinquedo cujo tema seja frutas, basta procurar pelo assunto e localizaremos facilmente o seu nome e onde se encontra.

Caso a instituição não disponha de computador com programa de classificação, pode ser criado um fichário para essa finalidade.

Este fichário poderá ter fichas propriamente ditas ou ser do tipo universitário, que é mais funcional porque não propicia a retirada das fichas do lugar.

O fichário por assunto terá folhas organizadas por ordem alfabética, cujos títulos serão as palavras contidas na lista de "Atividades Propostas e Temas".

Exemplo de uma ficha de assunto:

		FRAÇÕES
Nº	LOCALIZAÇÃO	NOME DO JOGO
367	B	Torta de maçã
029	A	Dominó de frações
412	C	Loto de frutas

A possibilidade de encontrar facilmente o jogo que proporciona a estimulação ou o aprendizado que a criança necessita abre um campo muito grande para a utilização do brinquedo como recurso pedagógico.

Afinal, de nada adiantará ter uma infinidade de recursos se não os soubermos utilizar ou se não conseguirmos achá-los no momento em que precisamos deles.

O fichário de assuntos é de grande utilidade para os educadores e merece ser alimentado e mantido sempre atualizado. Para controlar o empréstimo de brinquedos aos professores, caso não se tenha o programa adequado no computador, pode-se manter um fichário com uma ficha para cada usuário. Exemplo:

<table>
<tr><td colspan="5">PERÍODO: Matutino CLASSE: Pré I</td></tr>
<tr><td colspan="5">USUÁRIO: Maria Helena Santos Nº 22 SALA:</td></tr>
<tr><td>DATA SAÍDA</td><td>MATERIAL RETIRADO</td><td>DATA DEVOLUÇÃO</td><td>OBS</td><td>RECEBIDO</td></tr>
<tr><td>03/06</td><td>367 - dominó de frações</td><td>12/06</td><td>Ok</td><td>Lúcia</td></tr>
<tr><td>04/06</td><td>412 - loto de frutas</td><td>12/06</td><td>Ok</td><td>Lúcia</td></tr>
<tr><td></td><td></td><td></td><td></td><td></td></tr>
</table>

Princípios básicos da filosofia educacional da Brinquedoteca

1. considerar cada ser humano único e especial e respeitar suas necessidades e talentos;
2. favorecer a manifestação das potencialidades através do estímulo à liberdade, ao respeito e à responsabilidade;
3. estimular as trocas afetivas levando a criança a aprender a dar e a receber, valorizando também as dádivas da natureza;
4. estimular a conscientização e a observação do momento presente e dos próprios sentimentos;
5. levar a criança a aceitar os fatos e as realidades que não podem ser mudadas;
6. não forçar soluções, acatar a incerteza e as outras possibilidades;
7. criar condições para o desenvolvimento dos diferentes tipos de inteligência;
8. estimular as percepções e a capacidade de observação;
9. promover a capacidade de empatia;
10. colorir a visão do mundo e fazer exercícios de memorização;
11. estimular a criatividade e o pensamento mágico;
12. promover a vontade de ser bom ao invés de ensinar a sê-lo;

13. enriquecer as oportunidades, e respeitar a liberdade de escolha;
14. desenvolver as atividades sem a presença de liderança ostensiva.

Reflexões finais

A BRINQUEDOTECA não existe para distrair as crianças. Sua missão é bem maior; tem a ver com a formação do ser humano integral e o período de vida no qual ele está inserido.

Os horizontes da infância têm que ser bem vividos e seus territórios bem explorados se quisermos assegurar às crianças oportunidades para desenvolverem amplamente seu potencial.

A integridade do ser humano é profundamente ameaçada quando a infância não é vivida plenamente. A criança precisa transformar-se em adulto amadurecendo através de um processo em que possa transcender cada etapa de seu desenvolvimento pela amplitude e riqueza de suas experiências.

Fortalecer a criança é também fortalecer o adulto que, ao conseguir preservar, saudável, a criança dentro de si torna-se um ser humano mais íntegro, capaz de amar e usufruir a vida em sua plenitude, pois o seu lado criança representa a sua alma, a sua sensibilidade e a sua possibilidade de encantamento.

Não é necessário anular a criança para fazer surgir o adulto equilibrado. Ao resgatar a infância, resgatamos também a criança sofrida e perdida dentro de cada um de nós.

✓ Que as BRINQUEDOTECAS nos ensinem a brincar! Que elas nos encantem e liberem a nossa criança interior. Quem sabe assim alcançaremos uma forma de convivência mais íntegra e verdadeira.

Bibliografia

AZZI, Enzo. **Princípios do desenvolvimento**: carência afetiva, neurose de abandono. São Paulo: Departamento de Psiquiatria e Psicologia Médica da Faculdade de Ciências Médicas da Santa Casa.

BEARD, R. **Como a criança pensa**. São Paulo: IBRASA, 1970.

BROTTO, F. Jogos Cooperativos. Santos, Re-Novada, 1997.

CHATEAU, J. **O jogo e a criança**. São Paulo: Summus, 1987.

CUNHA, Nylse Helena da Silva Cunha. **Brinquedo, Desafio e Descoberta**. Rio de Janeiro: FAE-MEC. Ministério da Educação, 1988.

CUNHA, Nylse Helena da Silva Cunha. **Criar para Brincar**. São Paulo: Aquariana, 2005.

FRIEDMANN, Adriana (org.) **O direito de brincar, a brinquedoteca**. São Paulo: Abrinq, 1992.

GROINICK, S. **Winnicott, o trabalho e o brinquedo**. Porto Alegre: Artes Médicas, 1993.

JINARAJADASA. **A nova humanidade da Intuição**. Lisboa.

KRISHNAMURTI. **A Educação e o significado da Vida**. Tradução: Hugo Veloso. São Paulo: Cultrix.

LANZ, Rudolf. **A pedagogia Waldorf — Caminhando para um ensino mais humano**. São Paulo: Summus, 1979.

LEIF, J. **O jogo pelo jogo**. Rio de Janeiro: Zahar, 1978.

MARCELINO, Nelson Carvalho. **Pedagogia da Animação**. Campinas: Papirus, 1990

MAY, Rollo. **Acoragem de criar**. Tradução: Aulyde Soares Rodrigues. Rio de Janeiro: Nova Fronteira, 1982.

NEWSON, J e NEWSON, E. **Juguetes y objeto para jugar**. Barcelona: CEAC, 1979. São Paulo: IBRASA, 1975

OLIVEIRA, Vera. **O símbolo e o brinquedo** — A representação da vida. São Paulo: Vozes, 1992.

OLIVEIRA, Vera. **O brincar e a criança do nascimento aos seis anos**. São Paulo: Editora Vozes, 2000.

PICKARD, Philis Margueterite. **A criança aprende brincando**. Tradução Noe Gertel. São Paulo: IBRASA, 1975.

ROSAMILHA, Nelson. **Psicologia do jogo e da aprendizagem infantil**. São Paulo: Pioneira, 1979.

SANTOS, Santa Marly Pires dos (org.). **O lúdico em diferentes contextos**. Petrópolis: Vozes, 1997.

SANTOS, Santa Marly Pires dos (org.). **Brinquedoteca: a criança, o adulto e o lúdico**. Petrópolis: Vozes, 1997.

SHEPHERD, Ray. Winnicott. **Pensando sobre crianças**, Ray Sheperd, Jennifer Johns, Helen Taylor, Robison: tradução Maria Adriana Veríssimo Veronese. Porto Alegre: Artes Médicas, 1997.

WINNICOTT, D.W. **O brincar e a realidade**. Rio de Janeiro: Imago, 1975.

LEIA TAMBÉM DA EDITORA AQUARIANA

CRIAR PARA BRINCAR
A sucata como recurso pedagógico
Nylse Helena Silva Cunha

Este livro propõe atividades que podem ser feitas pelas crianças, contribuindo para elevar o autoconceito e possibilitando o aprendizado de forma criativa e agradável.

Estruturado em capítulos, o livro reúne as atividades segundo as habilidades desenvolvidas: motoras, percepções, esquema corporal, estruturação tempo-espacial, pensamento, letras e palavras, matemática, brincar, jogar e competir.

VIVÊNCIAS COM A NATUREZA
Guia de atividades para pais e educadores
Joseph Cornell

Importantes conceitos ecológicos são abordados dentro de um contexto facilmente vivenciado e compreendido pela criança. Os jogos e brincadeiras apresentados são universais e têm sido difundidos em todo o mundo com grande sucesso.